ちくま文庫

バナナの皮はなぜすべるのか?

黒木夏美

筑摩書房

バナナの皮はなぜすべるのか？【目次】

バナナの皮はなぜすべるのか?

【凡　例】

一、人名は敬称略とした。

一、引用文の表記については、旧字体を新字体に直し、旧仮名遣いはそのままとした。また、読みやすいようルビの一部を省略したり、表記を改めたりしたものもある。

一、単行本・雑誌の発行年は、奥付と書店での発売日とはしばしば異なるが、本書では奥付に従って表記した。

一、欧文の引用について、既訳のあるものはそれを利用させていただき、適宜出典を明示した。邦訳のないものはすべて著者による訳である。

夜の終わりに――序にかえて

二〇〇四年二月のある暗く寒い夜明け前、私は飼い犬とともに近所を散歩していた。何かいやなことが重なり、鬱々とした気分を引きずっていたのを覚えている。

木立の闇に覆われた公園のそばをいつものように通りすぎ、曲がり角をまがったそのときである。私の足元に横たわる何かを、自動販売機の光が明るく照らしていた。

ん？　この黄色いものは……もしかして？

まさか⁉

そのまさかだ‼　わはは、ほんとに落ちてるよ‼

バナナの皮である。

私のテンションはあっけなく回復した。そして地上にも夜明けが来た。

バナナの皮でなぜすべるのか?

要するに、生ゴミが一つ落ちていただけの話である。では、ただの生ゴミを見て私が喜んだのはなぜか。理由ははっきりしている。あのギャグを思い出したからだ。——バナナの皮ですべって転ぶ。喜劇映画やギャグ漫画などで誰もが一度は目にしたことがある古典的なギャグである。「お約束ギャグ」などとも呼ばれ、ギャグとしての知名度は非常に高い。何しろ、バナナの皮が落ちていただけで笑えるほどだ。

ふと思った。これっていつごろから使われているギャグなんだろう。また思った。どうしてバナナの皮なんだろう。人間誰しも、何かにつまずいたりすべったりすること自体はそれほど珍しくない。しかし、「バナナの皮ですべって転ぶ」という構図はあまりに不自然ではないか。バナナの皮なんて落ちている方が珍しいし、よりにもよってそんなバナナの皮ですべって転ぶことなど一生に一度あるかないかだろう。

「バナナの皮ですべる人なんているわけない」と思うのは私だけではないようだ。新井理恵の四コマ漫画(図1)はそれをオチに利用したものである。バナナの皮ですべるギャグは現実味に乏しく、またその分だけフィクション的、マンガチックなギャグということになる。では、バナナの皮ですべるギャグがギャグとして愛用されてきたのは、そのマンガチックさゆえだろうか。

一方、庄司卓のSF小説『それゆけ！　宇宙戦艦ヤマモト・ヨーコ7　雲の上のファウンテン』巻末には次のようなやり取りがある。

まどか〉やっぱり、ラブコメである以上、遅刻しそうになったらトーストくわえて走るのは基本よね。

洋子〉それってバナナの皮で滑って転ぶくらいの希少価値よ。ワシントン条約で保護したいくらいだわ。

（庄司卓『雲の上のファウンテン』富士見ファンタジア文庫、一九九六年、二七二頁）

図１　新井理恵『×　ペケ』1，小学館，1992，p. 57

これはどういうことか。バナナの皮ですべるギャグも「遅刻しそうになったらトーストくわえて走る」というシチュエーションも、長年にわたってあまりに使われすぎた結果、いまや単なるありがちネタを通り越して「ワシントン条約で保護したい」ほど、レアでプレミアな存在になってしまったというのか。では、バナナの皮ですべるギャグの今日的な存在意義とはいかなるものであろうか。

たかがバナナの皮なのに、謎は深まるばかりである。しかし悩んでいても仕方がないので、とりあえず自分で調べてみることにした。そして、この問題はとっくに誰かが解決しているはずだから、答えは数日以内に見つかるだろうと、そのときは思っていたのである。

元祖はチャップリンか?

そもそも、最初にバナナの皮ですべったのは誰か。最初にバナナの皮ギャグを考え出したのは誰か。この問いに対し、たいていの人は「そういえば、赤塚不二夫の漫画で見たような……」「『トムとジェリー』で見たような……」「チャップリンが映画の中ですべっていたような……」、こんなふうに考えるのではないだろうか。どれも正しい。そして、この中ではチャップリンが最も古い。もしかして、バナナの皮ギャグの発案者はチャップリンなのでは、と思い始めていたところに、インターネット上で「元祖はチャップリン」という書き込みを複数見かけた。

チャールズ・チャップリン。一八八九年にイギリスで生まれ、一九一四年にアメリカで映画デビュー、喜劇映画の名作を数多く世に送り出し、世界中の人々を笑わせて泣かせた偉大なる喜劇俳優である。同時代のバスター・キートン、ハロルド・ロイドとともに「三大喜劇王」の一人に数えられ、その人気は没後数十年経ったいまなお高い。それほどの大物がバナナの皮ギャグの元祖だといわれれば、信じないわけにはいかない。

しかし、その後もネット上の書き込みをいろいろ見ていると、どうやら「バナナの皮ギャグが初めて使われたのはチャップリンの『偽牧師』」と紹介したテレビ番組があったらしい。これは間違いだ。チャップリンは一九二三年の作品『偽牧師』で確かにバナナの皮ですべっているが、それより早い一九一五年の作品『アルコール先生海水浴の巻』でもすべっている。

では、バナナの皮ギャグが使われた最初の作品は『アルコール先生海水浴の巻』なのか。管見の限りではそのように断言した資料はなかったし、「元祖はチャップリン」と断言した資料も見つからなかった。

そもそも、私たちはチャップリンと同時代の喜劇俳優たちのことをあまり知らない。日本ではかろうじてキートンに一定のファンがいて、「三大喜劇王」というくくりの中でロイドの名前がなんとか伝わっている程度である。チャップリン以前の喜劇俳優たちのことはさらに知られていない。知ろうにも、まず作品にふれる機会がほとんどない。フィルムが残っているかどうかもよく分からない。そんな状況で「元祖はチャップリン」といわれればたいていの人は信じてしまうだろうし、事実かどうかを確かめるのも難しい。元祖が本当にチャップリンだったら話は早かったのだが、どうもはっきりしない。

よく考えると、バナナの皮ギャグなんてつまらないギャグ、下等な笑いの代名詞のようなものでしかないし、そんなものの正体が分かったところでバナナの皮ほどの価値もないのかもしれない。それに、評論家や研究者はこれまで大勢いたはずなのに、この問題に本気で取り組んだ人は誰もいないようだ。取り組む意味が大してないからだろう。ましてや素人の私があれこれがんばったところで、ちゃんとした結果が出せるわけがない。やーめた。

バナナの皮に追われて

ところが、しばらく経ったある日の犬の散歩中、道ばたに真っ黒な干物が落ちていた。バナナの皮である。すると再びバナナの皮ギャグのことが気になり、足は自然と図書館へ向かい、手はパソコンのキーをたたいていた。

それから数カ月後、隣県に遊びに行くと、ベンチに座った一人のホームレスの男が口をもぐもぐさせていた。その足元に何かが力なく横たわっている。バナナの皮である。そのわずか二日後、私は地元で車を走らせていた。すると、前方のセンターライン上に黄色いヒトデのようなものがちょこんと乗っかっている。バナナの皮である。私は驚愕のあまり、車を歩道に乗り上げそうになった。その後も、交差点になぜか一むき分のバナナの皮が落ちているのを見かけたり、民家の玄関先にまるでトラップのようにバナナの皮が置かれているのを見かけたりした。

どういうわけか、私がバナナの皮ギャグの調べものを中断すると、ほどなくして必ずバナナの皮が出現するのである。私はバナナの皮に呪われているのだろうか。それとも、笑いの神がバナナの皮ギャグについてさらに調べるようにと私をうながしているのだろうか。

チャップリンが元祖かどうかはっきりしない以上、チャップリン以前の映画や漫画からバナナの皮ギャグを見つけ出す必要がある。しかし、どうやって探せばいいのだろうか。いや、バナナの皮ギャグが創作世界から生まれたものとは限らない。現実世界で起こった出来事が発端だった可能性だってある。次に挙げる北杜夫の文章はそれを示唆している。私は昔の新聞か何かから、誰かがバナナの皮ですべった事件や事故を報じた記事を探し出さなければならないのだろうか。

第一、バナナの皮でひっくりかえる男が現代にいるかどうか。おそらく遠い過去においてバナナの皮にすべった人間が幾人かいたのであろう。ところが数えきれぬ文章や漫画によって、バナナの皮の危険性はあまりに誇大に宣伝されたため、人類はバナナの皮に対して極度に鋭敏になってしまった。それゆえ、実際にバナナの皮によって横転した人間がいたときは、新聞の社会欄にトップ記事とはいかないまでも報道すべき価値が確かにあるのである。

（北杜夫『マンボウあくびノオト』中公文庫、一九九七年、一一一―一一二頁）

一体何をどのように、どこまでやればいいのか、見当もつかない。しかし、知りたくてたまらないものについて誰も教えてくれないのなら、納得できるまで自分で調べ続けるしかあるまい。こうして私は今日も一人で本の森をさまよい、ネットの海を漂う――。

一房め　バナナの皮で笑うわけ

二〇〇四年十一月、ロバート・ダウニーはロンドンのブックメーカー（賭け屋）に押し入り、買い物袋で包んだ銃のようなものを突きつけて店員たちを脅した。

しかし、店員の一人が言った、「銃って言ってるけど、バナナかもな」。

銃の正体を見破られたダウニーは次にハサミを突きつけるが、もう相手にされず逃走、ほどなくして逮捕された。

なお、犯行に使われたバナナは袋に入ったままの状態で警察犬によって発見された。

アメリカのミュージカル映画『雨に唄えば』（一九五二）には、ドナルド・オコーナーが「みんな笑いたがっている／シェイクスピアを勉強するよりバナナの皮ですべって転べ／そうすりゃ世界は我がものさ」という内容の歌をうたう場面がある。また、吉崎観音の漫画『ケロロ軍曹』の主人公もバナナの皮を「笑いのスパイス」「踏めばたちまち爆笑の渦」と表現している（図２）。

このように、アメリカでも日本でも「バナナの皮ですべって転ぶ」行為はギャグとみなされ、笑いの対象として扱われている。

では、私たちはバナナの皮ですべった人を見てなぜ笑うのだろうか。

図２　吉崎観音『ケロロ軍曹』２，角川書店，2000，p. 33

笑いとは何か

古代ギリシャの時代、ソクラテスはアリストファネスの喜劇『雲』で笑いものにされ、ソクラテスの弟子のプラトンは笑いとは優越感であることに言及し、プラトンの弟子のアリストテレスは「人間は笑う唯一の動物である」と書いた。芸能としての笑いの伝統や笑いへの考察は、そんな遠い昔から連綿と続き、近年では笑いの持つ健康への効用が注目されている。では、笑いというものの正体は解明されたのだろうか?

アメリカの哲学者ジョン・モリオールは『ユーモア社会をもとめて』(森下伸也訳、新曜社、一九九五年)において、これまで提唱された笑いに関する理論を次の三つにまとめている。

1 優越の理論――笑いとは他人に対する優越感の表現であるという理論。プラトンに端を発し、ホッブズなどが提唱。

2 ズレの理論――笑いとは常識や秩序などからの予期せぬズレに対する反応であるという理論。カントやショーペンハウアーなどが提唱。

3 放出の理論――笑いとは心理的エネルギーの放出であるという理論。スペンサーやフロイトなどが提唱。

モリオール自身も書いているように、この三つの理論はそれぞれ個別に独立したものではない。たとえば、日本でも落語家の桂枝雀《かつらしじゃく》(二代目)が「笑いとは緊張の弛緩」という理論を提唱しているが、これは「ズレの理論」と「放出の理論」を合わせたものとも考えられる。また、この三つの理論ですべての笑いを包括的に説明できるわけではない。モリオール自身は三つの理論をまとめて「笑いは愉快な心理的転移から生じる」と定義しているが、笑いの定義づけの決定打とはいいがたい。

笑いの奥義は深い。私たち人間にとってあまりに身近で、まぎれもなく人間らしさの一翼を担う存在であるにもかかわらず、笑いは常に謎めいている。今日に至るまで、笑いとは何かを言葉で完璧に言い表すことができた人は、まだいないのである。

バナナの皮で笑いを語る

笑いを語ることは難しい。だからこそというべきか、笑いへの考察は古来多くの人々によって繰り返し行なわれてきた。その際、しばしば引き合いに出されたものの一つが、バナナの皮ギャグである。

ギャグとは、映画や漫画などで作り手が用意した笑わせどころのこと。その中でバナナの皮ギャグといえば、最もシンプルでありきたりなギャグの一つだ。何しろ、ただ人が転ぶだけなのである。そのため、バナナの皮ギャグは卑近で下らない笑いとして貶《おとし》められることが多かった一方、ギャグの代表格、笑いの代名詞的存在、笑いの象徴として真面目に取り上げられることも少なくなかった。

ユーモア作家として戦前から根強い読者を持つ、佐々木邦の次の一文からは、笑いを語る場におけるバナナの皮ギャグへの言及が、少なくとも日本の戦後間もなくの時点で当たり前になっていたことが分かる。

笑《わらい》矛盾説の説明には、往来でバナ、の皮に辷つて転ぶ立派な紳士の実例が屢々《しばしば》用ひられる。その折から、見てゐるものは誰でも笑ふだらうといふのである。子供が転んだのでは笑はない。子供の転ぶのは先づ当り前のことだ。別に矛盾がない。しかし鹿爪らしい紳士が子供のやうに転ぶと、そこに矛盾があるから、可笑味《おかしみ》を刺戟する。但しこの矛盾も軽くなければいけない。若《も》し紳士の転び方が激しく、そのま丶絶息するほどだつたら、見てゐた人は笑はない。可笑味よりも更に強い驚きや心配に圧倒されてしまふ。転んだ紳士自らにしても、軽く転んだ場合は、自分ながら可笑しいが、激しく転んだ場合は笑ふ余裕がない。尚ほ又その紳士が自分の主人だつたとしたら、同伴の奥さんは笑はない。笑よりも驚き又は愧《はずか》しさが先に立つ。この故に笑を刺戟する矛盾は軽くて無関心のものでなければいけない。そこで人の失敗が可笑しいといふことになるから、自己優越説も一理ある。

(『豊分居閑談』開明社、一九四七年、三六―三七頁)

それでは以下、笑いに関する文章の中にバナナの皮ギャグが登場する実例をいくつか挙げてみよう。

人間がバナナの皮ですべってころぶ。そういうギャグに接すると、多くの観客はドッと爆笑する。が、喜劇映画を見なれた者なら、もうこんな古くさいギャグにはひっかかるまい。ところが、人間がバナナの皮をふんでもころばなかったらどうだろう。この場合、たぶん爆笑はおこらなくても、クスクス笑いはアチコチできかれるにちがいない。

アメリカ映画などの喜劇を前者とすれば、イギリスの喜劇映画は後者に属する。つまり、バナナの皮ですべってもころばないタグイである。

そこに、同じようなドタバタでも、直接的な笑いを要求する喜劇と、間接的なクスグリを訴える喜劇の違いがある。

（『キネマ旬報』一九六四年三月上旬号、八五頁、執筆は深沢哲也）

一般の約束ごとが逆転することによって、因習的な秩序の大系がつきくずされる、その瞬間に生まれる笑いは、人間性の解放につらなるものであろう。子どもがバナナの皮をふんづけて転んだ場合には笑いとはならないが、プライドの高そうな貴婦人がツルリとすべったのなら笑いの対象となる。その瞬間に劣等感は優越感にかわり、一種の解放感をひき出すからだ。トイレの中でのオナラは笑いをさそわないが、まわりに他人がおり、厳粛なるべき状況があればあるだけ、笑いは自覚される。その意味では人間的、あまりに人間的な表現といえる。

（尾崎秀樹『現代漫画の原点』講談社、一九七二年、七三頁）

ただ、現代語で「滑稽」というと、たとえば真面目くさって歩いている人が突如バナナの皮を踏んでひっくりかえった、そのときの姿、格好が滑稽だと言って笑う。そういうふうに限定された使い方になっていますけれども、かつての時代の俳諧味というのは、もうすこし広い意味を持っていますね。

（大岡信『芭蕉の時代』尾形仂との共著、朝日新聞社、一九八一年、四九頁）

向こうから人が来る。その人がすべってころぶところを見て、わらってやろうと、いたずら好きな男がこっそりバナナの皮を置いておく。

計画どおりにいったとして、人がすべってころぶのを見てわらう笑いは、単なるドタバタ劇で、喜劇ではない、と亡くなった松竹新喜劇の渋谷天外さんは言っていた。

「悪だくみを見抜いた人が、バナナの皮をまたいで行く。男は残念がってまたバナナの皮を置きますわな。次の人もまた、またいで行く。いらいらして、うっかり自分が仕掛けたバナナの皮ですべる。これが喜劇です」

（朝日新聞夕刊、一九八三年三月十八日、一面）

チャップリン氏の〝芸術論〟は、いまでも印象に残っている。

「笑われるために、笑わそうと思ってはいけない。笑われる本人の気持になりきってこそ笑いを誘う。たとえば、派手なタキシードを着てピカピカに磨いた靴をはき、満座の視線を意識して部屋に足を踏みいれる。そこにバナナの皮があって滑って転ぶ。みながドッと笑う。それは本人が滑稽な態度を示したからではない。得意気な表情が悲しい表情に急にかわったから笑うのであって、本人にとっては笑いごとではないのだよ」

（山口淑子・藤原作弥『李香蘭　私の半生』新潮社、一九八七年、三七〇―三七一頁）

例えばバナナの皮で転んだだけでおかしいという人もいれば、バナナの皮が路上に落ちていた事を都の清掃行政のせいにしなければ笑えないという人もいる。かと思えば転んだ際に空中に飛翔したバナナの皮が四肢（？）をヒラヒラとスカート状に回転させながら着地し、ヘタの部分を目撃者の方向に丁度おじぎをするような格好で折り曲げた光景をもって「カワイー」等と笑い転げる女子高生も存在するのである。

ここからもお分りのように、ある一つのギャグ事象をとっても受け手の〈笑い所〉は実に千差万別であるし、中にはどこがおかしいのかサッパリ理解できぬ人もいるのである。要するにあたかもリトマス試験紙の如く万人に全く同一の〈お笑い反応〉を生ぜしめるギャグなど存在しないのだ。

（相原コージ『コージ苑』第三版、小学館、一九八九年、二九九―三〇〇頁、執筆は竹熊健太郎）

もともと笑いは、自己の優越感の確認から生まれると言われる。バナナの皮で滑るのを見て笑うのから、もっと残酷な笑いまで、たしかに笑いに悪意がつきまとうことが多い。

しかし笑いが生命感の充実から生まれるというのも事実なのだ。むしろ笑いの本流はこちらにあり、生のエネルギーが溢れて外に出るのが、本来の笑いなのだ。たとえば赤ん坊が笑うとき、気持のよさ、楽しさ、嬉しさを表現しているのであって、決してその逆ではない。ベルグソンなどが知性のこわばりが取れたとき笑いが生まれると考えるのも、そこに生命感が噴出するからである。

（辻邦生『時刻《とき》のなかの肖像』新潮社、一九九一年、二〇〇頁）

例えば、バナナの皮ですべるコントを笑う子供は、人はバナナの皮ですべらないという「構図」を持っているからです。大人は、バナナの皮ですべる人を見ても、そういうことはあるという「構図」を持っていますから、「構図」からズレることはなく、笑いは起こらないのです。

（鴻上尚史『ドン・キホーテのピアス』扶桑社、一九九六年、一一七頁）

笑いをひき起こす要因のうち、主要なものは短絡と過剰である。〈短絡〉とは、謹厳な紳士がバナナの皮にすべって転ぶのを見れば笑いが生じるように、謹厳さと軽薄さ、荘重さと過誤など、系を異にする複数の要素が一気に結び付けられるところに生じる効果である。

（廣松渉ほか編『岩波 哲学・思想事典』岩波書店、一九九八年、一七六八頁、執筆は竹沢尚一郎）

基本的にコメディーは暴力に近い。バナナの皮を踏んだとした場合、踏んだ人に取ってみれば悲劇だが、それを見る多くの人にはコメディーだ。笑いは葬式の途中にも発生する。悪魔的かつ暴力的なものがコメディーの中には確かにある。

（「北野武監督『忘れかけていた夏休みを思い出してほしい』」朝鮮日報日本語版HP、二〇〇二年七月三十日）(1)

ただ、興味深い事実がある。たいていのひとは身に覚えがあるにちがいないが、バナナの皮を踏んで転び、居合わせたひとに笑われたら――もっと一般的に言うなら、ひとに笑われるような経験をしたら――笑われたそのひともまた笑うことがあるのではないだろうか。もちろん、大怪我をしたら笑っている余裕はない。しかし、大事に至らなければ、当人も照れ笑いとか苦笑いとかという言葉がふさわしい反応を示すのではないかと思われる。

（喜志哲雄『喜劇の手法』集英社新書、二〇〇六年、一〇頁）

一寸先はバナナの皮

このように、笑いを語る場においてバナナの皮ギャグが好んで引き合いに出されてきたのはなぜだろうか。ギャグの代表格として思い出しやすいからだろうか。それだけではないようだ。ここで注意しなければならないのは、これらの例のほとんどで「バナナの皮が落ちていた」「転倒の原因はバナナの皮だった」という点は問題にされず、もっぱら人前ですべって転ぶ失態を演じたという点が問題にされていることである。

「人の不幸は蜜の味」という言葉があるが、私たちには他人の成功や幸福を妬み、他人の失敗や災難を喜ぶ傾向が大なり小なり誰にでもある。そして、失敗や災難の中でも「転ぶ」は最も素朴で身近なものの一つである。小さな子どもはよく転ぶ。別におかしくない。高齢者が転んだらすぐに骨折を心配しなければならない。少しも笑えない。しかし、大の大人がスッテンコロリンした姿は間抜けである。それが尊大ぶった金持ちや嫌いな上司であればなおさらだ。この種の見下す笑いは「優越の理論」に当てはまる。

大体サラリーマンにとって一番嬉しいのは、入社したとき、上役がバナナの皮に辷《すべ》って転ぶのを見るとき、自発的に辞表を出すときだ。
（北杜夫『奇病連盟』新潮文庫、一九七四年、一八〇頁）

もちろん、転倒による笑いは他の理論によっても説明できる。大の大人のスッテンコロリンを平凡な日常生活の中で突然起こった珍事、あるいは転ぶはずのない大人が突然転んだ珍事とみなせばそれはズレだし、こちらが緊張を要するような偉い人が転んだ、あるいは緊張を要するような厳粛な場で誰かが転んだのであれば「放出の理論」や「緊張の緩和」の理論を用いることもできる。
どうやら、「転ぶ」には最もシンプルかつ基本的な笑いの要素が含まれているようだ。そして、人が転ぶという笑いを具象化したバナナの皮ギャグはまさしくギャグの基本であり、笑いを語るのにうってつけの象徴的存在といえる。

考えれば喜劇のギャグの一番原点は「バナナの皮で滑ってこける男」である。今でもお笑い芸人は修業の初期に「こけ方」の訓練をする、もしくはさせられる。おれはネパールとバリ島で日本のギャグ芸人のコント公演に付き合ったことがあるが、必ずウケるのは「こける」「口の中に入れた握りコブシが抜けなくなる」などの誤動作ギャグ、それに「うんこ」、この二つであった。

（中島らも『何がおかしい』白夜書房、二〇〇六年、一〇六頁）

「転ぶ」の特質はこれだけではない。笑われる転倒者の立場に立てば、「転ぶ」とはいうまでもなく苦いものである。突然襲う恐怖であり、失敗であり、恥辱であり、負傷の恐れさえある。そして、人が転ぶ姿はそのまま、人生における蹉跌《さてつ》の象徴である。「一寸先は闇」という言葉がある。これを「一歩先はバナナの皮」と言い換えても差し支えない。人生、先のことは分からないものである。順調に歩を進めているかにみえても、いつなんどき思わぬものに足を取られてしまうかもしれない。ほんの些細なつまずきが、思わぬ大コケ、大転落につながることもある。卑近な笑いにすぎない「転ぶ」、そしてバナナの皮ギャグは、実は脆《もろ》く危うい生の暗き一面を体現したものでもあったのである。

バナナの皮ギャグは、笑った後に何も残らないシンプルなギャグであると同時に、生きている限り抱え続けなければならない人間の根源的な不安に根ざしたギャグでもある。シンプルだからこそ素直に笑うことができ、暗き深淵に通じているからこそ笑い飛ばす価値がある。他のギャグにない重みと味わいが備わった、一筋縄ではいかないギャグなのである。

フランスの転ぶ男

ところで、バナナの皮で笑いを語るというこの伝統は、いつごろ生まれたものだろうか。

ある資料によると、フランスの哲学者アンリ・ベルクソンが一九〇〇年に書いた『笑い』の中にバナナの皮ですべって転ぶ男が登場するという。事実であれば、バナナの皮で笑いを語った例としてはこれまでに挙げたどの例よりも古い。確かめてみよう。

往来を走っていた男がよろめいて倒れる。すると通りがかりの人びとが笑う。〔……〕石が多分道にあったのだ。歩き方を変えるか、さもなければその障碍物を避けて通るべきだったのだ。けれども、〔……〕こわばり、もしくは惰力のせいで、事情がほかのことを要求していたのに、筋肉が依然として同じ運動を行うことを続けていたのである。それゆえ彼は転んだのであり、そのことを通行人が笑うのである。

（H・ベルクソン『笑い』林達夫訳、岩波文庫、一九七六年、一八頁）

ベルクソンによると、生のしなやかさを持つはずの人間の「機械的なこわばり」が笑いを作り出すのだという。転ぶ男はその例の一つである。しかし、男が転んだのはバナナの皮のせいではなかった。『笑い』が書かれた当時、バナナの皮ギャグはまだ生まれていなかったか、少なくともフランスでは一般化していなかったものと思われる。また、同書が主な素材としているのはフランスの古典喜劇で、映画というメディアは十九世紀末に誕生したばかりである。さらに、当時のヨーロッパではバナナは現在ほど普及していなかった。ただの転んだ男にバナナの皮が結びつけられたのは、後世の人々の思い込みからだろう。

なお、『笑い』が書かれてから約半世紀を経た一九四七年、ベルクソンと同じフランスの劇作家・映画監督マルセル・パニョルが『笑いについて』を書いたころには、フランスでも「転ぶ」といえばバナナの皮になっていたようだ。

通行人がふいに転ぶという古典的な実例もある。バナナの皮で足を滑らせたその男、猛烈に尻餅をついて倒れる前に、奇妙な・みっともない身振りをするその男、私はその男を知りもしなければ、べつに怨みがあるわけでもなく、その男の個人的な不幸を私が満足に思う理由はまったくない。しかし、私はそれが私でなかったことをどんなに喜んでいることか！　私は、例のバナナの皮に、遠くから気がついた。それに、もし気がつかなかったにしても、そしてもしその上に片足をかけたにしても、私は転ばなかったにちがいない。何故なら私は運動神経が鋭くて、体が柔かいからだ。私はあの未知の男よりはるかにすぐれている。そして私は自分自身に讃辞を呈しながら、ひとりぼっちで笑う。

（M・パニョル『笑いについて』鈴木力衛訳、岩波新書、一九五三年、五五頁）

アメリカの転ぶ男

それでは、チャップリンが活躍したアメリカではどうだろうか。

フランスの映画史家ジョルジュ・サドゥールが引用した、一九一六年に書かれたアメリカの雑誌記事がよく知られている。一九一六年というと、前年にチャップリンの『アルコール先生海水浴の巻』が製作・公開されたばかりである。この当時のアメリカやイギリスでは、すでに「転ぶ」といえばバナナの皮だったのだろうか。サドゥールによれば、チャップリンの親友ロブ・ワグナーが次のように書いているのだという。

一つの国民を、一億人の人を一度だけでなく毎週笑わせる男は、注目するに値する。おそらくギルバート・キース・チェスタートンが私たちに答を提供してくれるだろう。

私たちイギリスのパラドックス愛好家が最も基本的な冗談をとりあげ、次のような質問をしている。〈金持ちの男が転ぶと私たちはなぜ笑うのでしょう。私たちは樹木なり、家なり、子供なり、貧しい男が転んでも笑いません。だけど、金持ちの男がバナナの皮を踏んで転ぶと吹きだして笑いますし、金持ちの男が通りでシルクハットの後を追っかけ始めると神様でも微笑みます〉

どうしてこれがおかしいのだろう。チェスタートンが与えた答は宗教的である。彼は、〈人間は神になぞらえて作られており、神は私たちに神聖な威厳をお授けになった。従って、この威厳がそこなわれることは本質的におかしいのであり、威厳が大きければ大きいほど、失われるものも大きいのです。自然には、シルクハットを被ったお金持ちの男以上の威厳はありません。金持ちの男の転倒からユーモアが生じるのはこのためです〉と。

（G・サドゥール『世界映画全史』第七巻、丸尾定ほか訳、国書刊行会、一九九七年、一一三―一一四頁）

「貧乏人や老人（弱者）がバナナの皮ですべっても笑えないが、金持ちや政治家（強者）がすべったら笑える」という説明は今日でもしばしば目にするが、これはその早期の例といえる。

なお、チャップリン自身も一九一八年に、同じような内容の文章を書いている。文中のアイスクリームのギャグは短篇『チャップリンの冒険』（一九一七）で実際に使われたものである。

もしアイスクリームを、たとえば掃除婦の背中に落としたら、生まれるのは笑いではなくて同情だろう。それに掃除婦はつぶされては困る体面は持ってないので、その点でも笑いは生じない。ところが金持ちの女性の背中にアイスクリームを落とすというのは、観客の願望であり、目にもの見せてやれという気持ちをかなえてくれるものなのである。

（D・ロビンソン『チャップリン』上巻、宮本高晴ほか訳、文藝春秋、一九九三年、二五

七―二五八頁)

では、『アルコール先生海水浴の巻』以前、つまりチャップリン以前にバナナの皮で笑いを語った例はあるだろうか。

一九一二年、アメリカの医師ジョージ・クライルが「ペイン、ラフター、クライング」と題した講演を行なっている。次に挙げる一節は、「口輪をした犬が兎に向かって突進する。見ている人は兎を助けなければと思うが、実際には兎に危害が及ぶことはないので、兎を助けようとして準備された筋肉の動きは無駄になり、笑いとなって消費される」という話の続き。

同様の性質を持った一般的な例は、路上で歩行者がバナナの皮ですべり、転倒しかけながらも平衡を取り戻したときにみられる。彼のもとに駆け寄り助けようとする見物人たちの身体性は、笑うことによって失われる。一方、もし同じ歩行者が転倒して頭蓋骨を折ったなら、見ていた人たちの身体性は彼を助けることに費やされるだろう。それゆえ、そこに笑いはない。(2)

クライルがバナナの皮ギャグのことを言っているのだとすると、バナナの皮ギャグはチャップリン以前から使われていたということになるのだろうか。それとも、路上でバナナの皮ですべる人は当時、それほど珍しくなかったのだろうか。

二房め　バナナの皮は誰かの手製

「バナナの皮は乾燥させて吸うと麻薬代わりになる」という話がまことしやかに語り継がれている。バナナの皮には麻薬成分「ブフォテニン」がごく微量含まれているため、吸うことでマイルドなトリップ効果が得られるのだという。ドラッグとしてのバナナの皮については、植草甚一の『ぼくは散歩と雑学がすき』(晶文社、一九七〇年)、青山正明の『愛蔵版 危ない薬』(データハウス、二〇〇一年)など複数の本で言及されているほか、雑誌などでも繰り返し紹介されてきた。

しかし、実際に試してその結果を報告したものはほとんどない。麻薬成分の話は、一九六七年のある冗談記事が発端ともいわれている。どうやら、麻薬代わりになるという話はガセらしい。では、バナナの皮には何の効用もないかといえば、そうでもないようだ。たとえば、G・ギルホードほか『世界の薬食療法』(久保明監訳、法研、一九九九年)によると、世界各国で皮の内側の粘液がイボの治療に利用されたり、皮がねんざの湿布代わりに利用されたりしているという。また、中国では皮のしぼり汁を二日酔いの薬にするという。もしあなたがバナナの皮ですべってねんざしてしまったら、試しにそのバナナの皮を湿布代わりにしてみてはいかがだろうか。

バナナの皮ギャグは「転ぶ」笑い。そして「転ぶ」笑いといえばバナナの皮。この公式は、現実味や理屈を抜きにした私たちの既成概念と化してすでに久しい。しかし、転ぶ原因になるものといえばほかにもたくさんあるのに、なぜバナナの皮なのか。

前章ではバナナの皮ギャグのうち、主に「転ぶ」という動作に注目したが、本章ではバナナの皮の性質について考えてみよう。

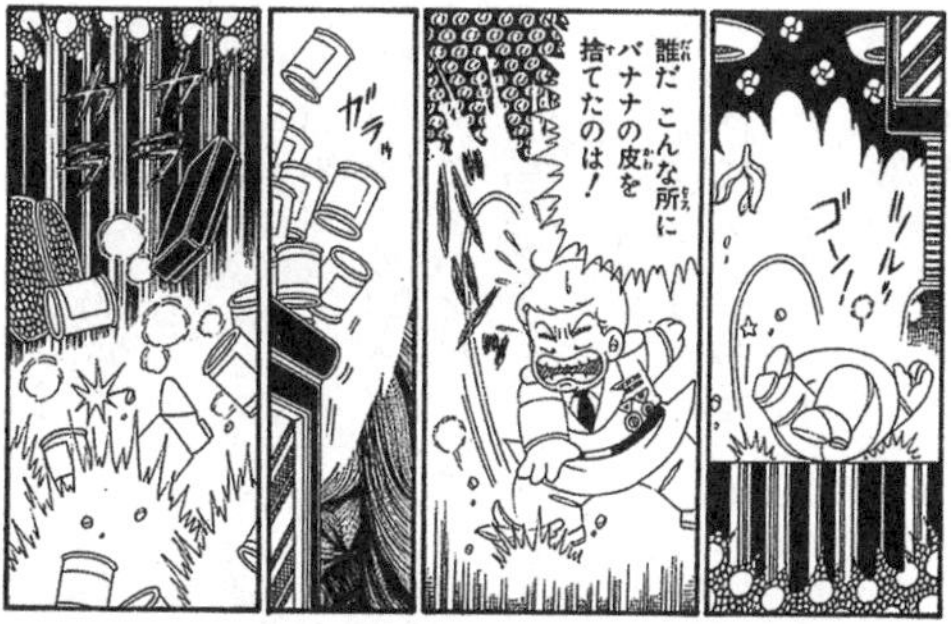

図３　魔夜峰央『パタリロ！』29，白泉社，1986，p. 18

バナナの皮のあるところ喜劇あり

大河ギャグ漫画『パタリロ！』の一話「マリネラの攻防」。不運に取り憑かれた（実は『不運菌』に侵された）主人公が最初に遭遇する不運は、「バナナの皮ですべって転ぶ」である。このように、バナナの皮ギャグはドジや不運の象徴として描かれることが多く、特にこうしたキャラクターたちがやらかす典型的な失敗としてしばしば登場する（図３）。

また、ドジとは無縁の実力者や天才にも、バナナの皮ギャグは有効である。彼らが普段ではありえないような凡ミスを犯しても、その原因がバナナの皮だったなら、私たちは「まあ、バナナの皮じゃ仕方ないか」と納得するしかない。ここでのバナナの皮は人知の及ばぬ並外れた不運、人間の一切の努力を無にする滑稽なほどに非情な運命の象徴である。もちろん、彼らの普段の姿とのギャップ、つまり「ズレ」が強い喜劇的効果を生み出すことはいうまでもない[1]。

バナナの皮ギャグはストーリーの流れを大きく変えることもできる。コメディタッチの作品においては、交通事故、記憶喪失といった深刻な事件、さらには死という人類最大の禁忌でさえも、その原因がバナナの皮であればストーリー中にそれほど無理なく織り込むことができる。また、打開しようのないほど深刻な難局においてバナナの皮が出現した場合、それは多少強引にではあっても円満な喜劇的解決への突破口が開かれることを意味する。逆に、誰かがバナナの皮を踏んだ瞬間、あたかもスイッチが入ったかのように喜劇的ストーリーが始まる場合もある。このように、バナナの皮のあるところ、喜劇がある。これほど際立った喜劇性を持つ物体はほかにはないかもしれない。一体なぜだろうか。

「転ぶ」ことそれ自体は確かに笑いにつながるものだが、濡れた路面や石ころなどで転んだのではやや現実的すぎて、大きな笑いは得られにくい。一方、バナナの皮はまず落ちていることが珍しく、しかもそれを踏んですべって転ぶ体験はさらに珍しい。よって事といえる。ただし肝心なのは、バナナという果物自体は今日珍しくもなんともなく、したがってバナナの皮自体はありふれた物体にすぎないという点である。また、バナナを路上で食べた場合、行儀の悪い人なら皮を路上にポイ捨てしてしまう可能性が多分にある。加えて、バナナの皮はぬめりけがあって、いかにもすべりやすそうだ。つまり、「バナナの皮ですべって転ぶ」は実際に起こり得る現実的なシチュエーションなのである。

　ここでバナナの皮ギャグを、日本が誇るコメディ・グループ、ザ・ドリフターズでおなじみの、金だらいが頭に落ちてくるというギャグと比べてみよう。金だらい自体は使う機会こそ少なくなったものの、今でも十分に入手可能な日用品である。しかし、金だらいが天井あるいは天上から落ちてくるというシチュエーションは非常に特殊で、一般人が日常生活において金だらいの直撃を受けることはほとんどないだろう。金だらいギャグはバナナの皮ギャグと同じくらいベタでマンガチックなギャグでありながら、ややフィクション性が強すぎ、現実味に乏しく、その汎用性においてバナナの皮ギャグに遠く及ばないのである。

　バナナの皮ギャグは完全なフィクションであるかにみえて、実はしっかりと現実に根ざしている。現実的にすぎることもなく非現実的にすぎることもない、この適度さがバナナの皮ギャグのギャグとしてのリアリティを高め、同時にバナナの皮という実在する物体のフィクション性や喜劇性を高めているものと思われる。

ところで、私たちは道ばたにバナナの皮が落ちているだけで、もうなんとなく笑ってしまう。もちろんそれは反射的にバナナの皮ギャグを思い出すからだが、しかし、バナナの皮そのものの外見にも面白いところがいくつかある。

まず、皮の色。バナナの皮が落ちていると目立つのは、鮮やかな黄色だから。黄色は三原色の一つ、そして有彩色の中で最も明度が高く、実際に人目を引きやすい色でもある。横断旗などに黄色が使われているのはこのためだ。特に、無彩色かつ最も明度の低い黒色との組み合わせは非常に目立つので、黄色と黒色の虎じま模様は交通標識や工事現場の柵などのデザインに広く使われている。

また、黄色には明るくコミカルな色彩イメージがあり、バナナやバナナの皮にもユーモラスなイメージを与えている。バナナの皮がもし地味で暗い色だったなら、道ばたに落ちていてもあまり気に留められることはなく、たとえ踏んですべったとしてもそれは濡れ落ち葉ですべったようなもので面白みに欠け、ギャグとしては成立しなかったかもしれない。さらに、むかれた後のバナナの皮の形状。八つ手状に裂けて横たわるバナナの皮が醸し出す、そのへなへなとした脱力感は、こちらの緊張を解き、笑いを誘う。

以下は、宮沢章夫の随筆「頭上の猿」より。

どんなにとり澄ましたインテリアも、バナナの皮を置けば台無しになり、悲報を伝えるテレビニュースのアナウンサーがその額からバナナの皮をたらしていれば、「人をばかにするのもいいかげんにしろよ」という気分に誰もがなるはずだ。そして、このことから「バナナの皮」の持つ象徴的な意味を見出すのはたやすい。

（秋元康プロデュース『バナナに恋した日』マガジンハウス、一九八九年、六二頁）

バナナの皮の面白さはこれだけではない。道ばたに落ちているバナナの皮を見かけて、「これは誰かがしかけたトラップ?」「もしかしていま、誰かが物陰からこちらを観察しているのでは?」などと疑ってしまうのは私だけではあるまい。なぜなら、バナナの皮は自然発生するわけではないからだ。明らかに誰かが自分の意志でむいて置いていったものだからだ。

私たちは落ちているバナナの皮から、白昼堂々道ばたでバナナの皮をむき、おもむろにバナナをほおばり、最後に皮をポイ捨てして去った猿のような人物を想像することができる。あるいは、車の中でバナナをほおばり、「そういえばバナナの皮ですべるギャグがあったよな」なんて言いながら路上にバナナの皮をポイ捨てし、にやにやしながら走り去るいけ好かない人物を想像することもできる。このように、人の手でむかれて放置されたバナナの皮は、非常に人為的なにおいを発しており、それがまたバナナの皮の面白さの一つになっているのである。

なお、漫画やアニメでしばしば見かけるのが、軸の部分を上にして皮を四方に広げた状態で置かれた縦型バナナの皮。タコさんウィンナーのようでユーモラスなこの形状は、ただ横たわっているだけの横型バナナの皮よりもさらにわざとらしくマンガチックである。しかしここで注意しなければならないのは、このように置くにはバナナの皮を軸の反対側からむかなければならないのに、実際にはほとんどの人がバナナの皮を軸からむくという事実である。描き手にとっては軸を頂点としたシンメトリックなバナナの皮の方が描きやすいし、漫画やアニメにおいては視覚的な分かりやすさが要求される。おそらく縦型バナナの皮は、ウンコにおける巻きグソ、肉におけるいわゆる「マンガ肉」と同じように、一目でバナナの皮だと分からせるために生まれたユーモラスな記号的表現なのだろう。

事件の裏にバナナの皮

バナナの皮は自然発生するものではない。これを利用して、バナナの皮を何かのサインに使うことができるし、誰かがそこにいた証拠にすることもできる。

1　特高

特高（特別高等警察）とは、反政府的思想・言論活動の取り締まりにあたった戦時下の警察組織。この特高が関わった事件の一つが、旧ソ連のスパイだったリヒャルト・ゾルゲのグループによる「ゾルゲ事件」である。次の文章は、グループの一人、川合貞吉の逮捕前の様子。

また宮城〔与徳〕の竜土町の下宿を訪ねた時も、おかしなことがあった。宮城は麻布三連隊の正門に近い岡井家に下宿していた。電車道から連隊の正門へ向い、正門の手前を左斜めに曲り、八百屋の角を右折するのと、電車道の左側にあるポストの前を入って行くのと、コースは二つあった。

川合が張込みを意識しながら、八百屋の角を右折して、下宿の門のところまで来ると、扉が内側からとじられていて動かない。ふと冠木門《かぶきもん》の上を見ると、バナナの皮が置いてあった。子どものいたずらにしては、ちょっと手がとどかない。おかしいなと考えて、何かのサインだと気付いた。

宮城からのサインならば、事前に川合にその内容を伝えるはずだ。何も聞いていない、バナナの皮は良くみると、まだむいて間もないほど新しい。とすれば特高たちのサインではないか。

川合はそうさとって、そのまま、門前を素通りし、一巡して電車道に出、帰宅したが、後で宮城に確かめると、知らないという。

（尾崎秀樹『デザートは死』中公文庫、一九九八年、一九五―一九六頁）

2　スパイ

こちらは、スパイがバナナの皮をサインに使った話。

〔一九〕六二年、夫婦はMFS〔東ドイツ国家保安省〕の偽造パスポートでスイスに入国、ルツェルン北部のノイエンキルヒに住みついた。その任務は「有事の際に備えて西欧内に安全かつ確実なスパイ連絡網を張ること」だったと自供している。〔……〕二人が多く用いたエージェントとの連絡法は森の散歩道などの木の洞や石のかげなどを秘密の〝メール・ボックス〟に仕立て、〝配達〟した時は目印を置く。目印は、夏はバナナの皮、冬は洗剤のカラ箱と決めてあった。確かに受け取ったサインとしては、特定のたばこの吸いさしを残すルールだった。

（読売新聞東京本社朝刊、一九八六年十二月二十五日、四面）

3　窃盗団

「爆窃団」はかつて日本で暗躍したアジア系の犯罪グループ。しかし、彼らには思わぬものに足をすくわれた過去がある。

　福岡県大牟田市の宝石店盗難事件で、福岡県警はアジア系窃盗集団「爆窃団」メンバーを高飛び寸前に逮捕、盗まれた貴金属も押収する素早い捜査展開を見せた。その逮捕のきっかけは、道端に落ちていたバナナの皮だった。

　二十四日午前十時ごろ、〔……〕窓ガラスが割られている、と大牟田署に届け出があり、遺留品捜しをしていた同署刑事課の警部補が午後、店から数十メートル離れた道路わきで、新しいバナナの皮を発見した。

「なぜこんな所に？」と不審に思い、皮に付いていたシールを頼りに付近の商店にあたると、「背の高い外国人の男が二本買った」との返事。宝石店でも二十三日昼、よく似た男が下見に来ていた。

　さらに、バナナの皮のすぐ近くで、久留米市内のレンタカー会社の契約書を発見。〔……〕盗んだ貴金属と一緒に押収した国際郵便の小包に書かれた住所と名前から、香港側の受取人も割り出し、現地当局に通報。佐賀市の時計店での盗難事件なども同一グループの仕業とわかった。「バナナの皮」が、難事件を一気に解決へと向かわせている。

（読売新聞西部本社朝刊、一九九五年五月二十八日、二七面）

このように、ちっぽけな生ゴミにすぎないバナナの皮が現実の事件にドラマチックに関わることもある。

バナナの皮を食べる

私たちは食習慣上、バナナの皮を食べることはない。ゆえに、映画や漫画でバナナの皮を食べる場面があれば、それは笑いや異様さを意図している。バナナの皮には「転ぶ」笑いだけでなく「食べる」笑いもある、といえる。

ベティ・ブープ主演の短篇アニメ『ビン坊の万事あべこべ』(一九三二)では鳥が泳ぎ魚が空を飛び、バナナを手にした老人はバナナの果肉を捨てて皮だけを食べ、ハゲ頭にハサミを入れるとみるみる髪が生えてくる。幕末の京都を舞台に始まる映画『コント55号 宇宙大冒険』(一九六九)では、もらったバナナの食べ方を本当は知らない萩本欽一が「これはこうして食べるもの」と言って皮だけを食べる。イタリアのB級ホラー映画『デアボリカ』(一九七三)では、主人公の妊婦が落ちているバナナの皮を口にする。西森博之の漫画『今日から俺は!!』第十五巻(一九九三)では、廃マンションの一室から出られなくなって腹をすかせた今井に、やはり隣の部屋から出られなくなった三橋がバナナの皮を分け与え、今井は喜ぶが、三橋は笑いをこらえるのに必死になる。実は、そのシチュエーションはすべて三橋による壮大な復讐ドッキリだったのである（図４）。また、ケヴィン・スペイシー主演の映画『光の旅人』（二〇〇二）では、精神科医のもとに送られてきた自称異星人の男がバナナを皮ごと食べる。これらはいずれも強く印象に残る場面である。

「バナナの皮を食べる」は、時として相手を卑しみ嘲笑する表現にもなりうる。

そういえば、日本に来て初めて十月一日が中国の建国記念日（国慶節）だと知りました。そして中国の友人から「台湾の人々はバナナの皮まで食べると聞いたが、本当か？」と質問され、ビックリしたことがあります。

図４　西森博之『今日から俺は!!』15, 小学館, 1993, p. 60

子どものころからの教育によって私はずっと「台湾の『双十節』（十月十日）こそ、中国唯一の建国記念日」、「大陸の人々はバナナの皮しか食べることができない」とばかり思い込んできたからです。笑っていいのか、悲しんでいいのか、怒っていいのか。日本という第三国で、台湾と中国の両方で行われている「政治教育」を知った気持ちは実に複雑でした。

（謝雅梅『新視点「台湾人と日本人」』小学館文庫、二〇〇一年、一五一頁）

しかし、「バナナの皮を食べる」は決して絵空事ではない。現実世界には貧しさゆえにバナナの皮をも食べざるをえない人たちがいる。

南インドの小さい都市の鉄道の駅で、乗客が窓から投げ捨てるバナナの皮に、飢えた少年や少女が群がって奪い合っている。一歳くらいの妹を片脇にかかえた少年も負けることなく奪い合っている。乗客のひとりがこの少年にバナナを与えると、わたしたちがふつう食用にするまん中のやわらかい部分はすべて、たぶんまだ歯のそろっていない妹に食べさせている。その長い間、少年は法悦のような目つきで、女の子を見つづけている。陽射しの強さもあるかもしれないが、わたしはこんなに幸福な人間の顔を、これまでに何回かしか見たことがない。おしまいの根元の部分を女の子の口におしこむと、少年は皮だけを食べて、またあの容赦のない争奪戦に、仲間をおしのけ蹴たぐりながら走りこんで行く。

（真木悠介『自我の起原』岩波書店、二〇〇一年、一七五―一七六頁）

ところで、「バナナの皮を食べる」という話は、実は私たちとも無縁ではない。たとえば、一九二六年六月五日付読売新聞朝刊（一〇面）の記事「バナ、の皮で美味しいお菓子」には「廃物を出さずに、初めから材料を上手に調理して、骨、皮、と云へども調理法によつては美味しく頂ける方法を考へてゐるのです。〔……〕かりに皮をすてないで調理すれば、喰べられると云ふ例にバナ、の皮を水で煮て、布でしぼつて、寒天を混ぜて型に入れるとお菓子が出来ます」と書かれている。また、一九三〇年二月二十七日付「皮や心からとてもおいしい飲物ができます」（九面）では、リンゴやバナナなどの皮や芯を砂糖水で煮て作る飲み物を紹介している。

ただし、これらの記事はあくまで廃物利用の観点から書かれたもので、戦前の日本人がバナナの皮を当たり前のように食べていたわけではない（次頁図5）。

一九四一年十二月八日、太平洋戦争が始まる。その翌年に書かれた次の文章からは、物資の乏しい中でのつらい暮らしぶりがうかがえるとともに、身近なものをフル活用して何とか生活を乗り切り、少しでも心豊かに生きていこうとする人々のたくましさが感じられる。

　林檎、梨、バナナなどの果実の皮、胡瓜《きゆうり》、扁蒲《ゆうがお》（干瓢の元）などの皮類を細かく切り、うどん粉をまぶして天婦羅にしますと、捨てゝしまふ皮からこんな美味なもの

図５『読売新聞』朝刊，1940年11月17日付４面。①「イモ デモ クダモノデモ カワゴト タベルト オイシイヨ」「ホントダ」②「リンゴノ カワムイテ タベテイルヨ」③「アレハ ドウシヨウネ」

が出来るかと思ふ位、立派な天婦羅となります。またバナナの皮を細かく賽目《さいのめ》に切つてかきあげにしますと、仲々乙なものです。

（『物資活用法集』、『農業世界』一九四二年八月号付録、五三頁）

そういうわけで、バナナの皮は食べられないことはない。ただし、バナナの皮にはタンニンが含まれているので渋みがあり、そのまま食べても決しておいしいものではない。また、バナナは輸入品である以上農薬の問題が避けられず、食べる気になれないという人がほとんどだろう。もっとも、私たちはこの厚い皮があるおかげで農薬をほとんど気にせずに果肉を食べることができる。「軸に近い部分は農薬がしみこんでいるから食べない方が良い」という説もあるが、それほどこだわる必要はないようだ。[2] とはいえ、有機栽培や低農薬・無農薬のバナナは、価格こそやや高いが、消費者にとっても生産者にとってもより安全・安心なバナナといえる。積極的に購入したい。

なお、タンニンには革をなめす効果があるので、革製品をバナナの皮の内側の部分でこすると汚れが落ち、つやも出るらしい。最初に目立たない部分で試してみるといいだろう。

あなたもバナナの「皮」を食べている!

さて、ここまでは「バナナの皮」とは食べるときにむくあの黄色い皮という前提で書いてきた。一般的にもバナナの皮といえば、ふつうはあの黄色い皮のことである。ところが植物学上、バナナの皮とは黄色い皮だけでなく、食用の白い果肉の部分をも含むらしい。つまり、私たちが食べていたのはバナナの「皮」だったのである。

> さて、果実としてのバナナは元来そのいずれの部分を食しているかというと、実はその果実の皮を食しているので、これはけっして嘘の皮ではなく本当の皮である。
> 〔……〕
> バナナを食うときはだれでもまずその外皮を剝ぎ取り、その内部の肉、それはク

リーム色をした香《にお》いのよい肉、を食する。そしてこの皮と肉とは、これは共《とも》にバナナの皮であるが、皮のように剝げる皮は実はその外果皮で、これは繊維質であるから、それが細胞質の肉部すなわち中果皮《ちゅうかひ》内果皮《ないかひ》から容易に剝ぎ取れるわけだ。この繊維質部は食用にならぬが、食用になるのはその次にある細胞質の部のみで、これが前記のとおり中果皮と内果皮とである。

元来このバナナが正しい形状を保っていたなら、こんな食える肉はできずに繊維質の硬い果皮のみと種子とが発達するわけだけれど、それがおそろしく変形して厚い多肉部が生じ種子はまったく不熟《ふじゅく》に帰して、ただ果実の中央に軟らかい黒ずんだ痕跡を存しているのみですんでいる。(3)

（牧野富太郎『植物知識』講談社学術文庫、一九八一年、九四―九六頁）

いわゆる「果実」とは、花が受精した後に子房が発達したもの。外側から外果皮・中果皮・内果皮という三種類の果皮があり、内果皮の内側に胚珠の発達した種子がある。私たちが果物の皮だと思っているのは外果皮、実食部分の果肉は真ん中の中果皮にあたる。

中果皮イコール果肉ではない例も多い。たとえば、リンゴの果肉といえば赤く薄い皮の下の白い部分だが、あれは花托《かたく》という部位が発達したもので、私たちが食べない芯こそリンゴの本当の果実である。また、イチゴは赤い果肉の表面についているゴマのような粒々こそが本当の果実で、その下の果肉はリンゴ同様に花托が発達したものである。食べる分にはどの部位であろうとおいしければいいのだが、なんだか妙な気もする。

野生のバナナには種がある。現在私たちが食べているバナナは、内果皮が果肉化して種が消失した変異種である。はるか昔の東南アジアで種なしバナナを見つけた人が栽培を始めたのが、人間とバナナとのつき合いの始まりといわれている。バナナはその後、人の手によってゆっくりと世界に広まっていった。

もし、種なしバナナが生まれなかったらバナナの栽培が始まることはなく、したがってバナナが世界に広まることはなく、当然バナナの皮ギャグが生まれる余地はなかっただろう。たかがバナナの皮ギャグ、しかし、それは大自然の奇跡と長大なる時の流れと多くの人々の手によって生み出された、スケールの大きなギャグなのである。

三房め　バナナの涙

二〇〇五年一月、三重県で猿の着ぐるみを着た強盗がコンビニに現れたが、結局何も取らずに去る。数日後に逮捕。着ぐるみは現場近くの側溝で発見され、着ぐるみの付属品とみられるバナナのぬいぐるみは犯人の自宅で押収された。

「バナナ共和国《リパブリック》」という言葉がある。その意味を知らない人には、南国ムードの漂う楽しげな響きに聞こえるかもしれない。しかし、"banana republic"とは、国家経済をアメリカ資本のバナナ産業に依存する、中南米の小国に対する軽蔑語である。そして、依存からの自立を許さないのは当のアメリカである。

バナナの皮にはコミカルなイメージがある。同じように、バナナという果物にもコミカルなイメージがある。しかし、バナナの現実は、ただコミカルなだけではない。

バナナの面白さ

バナナは食べやすく、味が良く、腹持ちが良く、栄養価が高い。いいことずくめの素晴らしい果物だ。にもかかわらず、バナナには常にコミカルさがつきまとう。まず、皮の黄色の明るさ。どうぞ食べてくれといわんばかりの握りやすさや皮のむきやすさ。カーブの形もユニークだ。それに、バナナはかつてと違って、いつでもとても安く買える。安いものには気安さが生じる。

また、バナナの大きさや形状はしばしば艶笑的なイメージでとらえられてきた。次に挙げる獅子文六の随筆「バナナの皮」は、このイメージが国際的なものであることを示している。

その頃、ジョゼフィン・ベーカーという黒人の踊り子が、パリに現われて、すっかり人気をさらった。一九二五年から三〇年ぐらいまでのパリを、彼女が代表したということもできた。パリを表わす漫画とか、パリの観光ポスターなぞに、彼女の舞台姿が出た。黒い鞭《むち》のような、長い手肢《てあし》とおカッパ髪と、白い歯と、大きな乳房の他に、彼女の特徴といったら、腰の回りに、黄色いバナナの房を回《めぐ》らせていることだった。バナナといえば、彼女を連想させるほどだった。

私は、彼女が舞台で唄った文句の冒頭を、まだ覚えている。

シェー・ヌウ、

イリヤ・デ・バナーヌ……。

これは「わしが国さにゃ、バナナがござる」と訳すのが適当だが、黒人の女の唄の文句として、面白かった。バナナはフランスになく、アルジェリアか、アフリカか、植民地から移入されるのだが、黒人の女のお国自慢には、多少ワイセツの意味も加わっていた。バナナは、フランスばかりでなく、ヨーロッパの国の一つの隠語になっているが、ジョゼフィン・ベーカーは、少女的無邪気な美声で唄うので、面白い効果があり、あんなに受けたのだろう。

私はバナナという果実に、愛嬌《あいきょう》と滑稽味《こっけいみ》があることを、この時分に知った。
（獅子文六『飲み・食い・書く』角川文庫、一九八〇年、五二頁）

ところで、バナナの腰みのという舞台衣装は明らかに彼女の肌の色と関わりがある。バナナは当時から熱帯、猿、そして黒人という一連のイメージと結びついていた。

バナナと猿

バナナと縁の深い動物といえば猿。バナナを手にした猿のイラストやぬいぐるみを見て違和感を抱く人はいない。バナナと猿という組み合わせもまた、バナナのイメージに愛嬌を添えている。ところが、三戸幸久によると、野生の猿が野生のバナナを食べる機会は現実にはほとんどないという。人間にとってバナナがまだ珍しかったころ、動物園の猿たちは早くから本来の食べ物ではないバナナをエサとして与えられていた。自分たちが食べられないのに猿が……というわけで、猿とバナナは結びつけられたらしい。

私たちはサルについてさまざまな情報を持っていながら、明るくひょうきんな動物というイメージが強いし、バナナは、黄色や半月形のカーブ、香り、柔らかく、甘い味などから、これもまたかわいく、明るい食べ物というイメージを持っている。

その作られたイメージがドッキングした後、絵本、漫画やイラスト、アニメに登場するにつれ虚構のイメージは増幅し、あたかも古い昔からあったかのように、人々の頭の中で市民権を獲得してしまっている。

（三戸幸久『サルとバナナ』東海大学出版会、二〇〇四年、四一頁）

著者はさらに、人間とバナナ、そして人間と猿の不自然なつき合い方を指摘する。後述の通り、バナナは「人を喰う」果物と化し、農薬漬けになってしまった。猿は殺処分や動物実験の対象にされている。決して笑えない現実が、そこにはある。

バナナと猿の結びつきは、時として黒人差別にまでつながる。ヨーロッパでは黒人のサッカー選手にバナナの皮が投げつけられることがある。これをただのシャレと考える観客もいまだにいるようだが、極めて悪質な行為だといわざるをえない。以下は、ジャマイカ出身のジョン・バーンズの事例。

現役時代のバーンズは、当時のイングランドにはびこっていた人種差別意識とも戦わなければならなかった。最も有名な黒人選手のひとりであったバーンズには、試合のたびに心無いファンによる人種差別的な罵声が浴びせられていたのだ。それでも彼は無言で抗議する姿勢を貫いた。リバプールの試合中に、スタンドから投げ込まれたバナナの皮を、バックヒールで何気なくピッチ外に蹴り出す姿をとらえた写真は、あまりにも有名だ。

（『ワールドサッカーマガジン』二〇〇五年十二月一日号、八一頁）

残念ながら、このような話は日本にもある。二〇〇一年、あるサッカーチームのサポーターたちが、黒人のコーチのいる対戦チームとの試合で「猿」と叫んだりバナナを振り回したりバナナの皮を投げ込んだりした。結局、彼らの「応援」の甲斐なくチームは敗北したという。

なお、ドイツ人選手のオリヴァー・カーンが出場すると、やはりバナナの皮が投げ込まれたりゴリラの鳴き真似が始まったりしたものだが、これはカーンの容貌を笑う行為だった。二〇〇二年のある試合では、ついにバナナ持ち込み禁止令まで出た(1)。

バナナとアメリカ

バナナといえば、日本では食用の黄色い果実を指すことがほとんどである。しかし、バナナの生産国ではバナナの偽茎や葉をさまざまな用途に利用する生活文化が息づいている。さらに、昔話やことわざに登場するなど(2)、バナナは精神文化の一部にもなっている。バナナとは、ただ実を食べるだけの作物ではないのである。

バナナといっても、私たち日本人は、工場で生産されたような、画一的なあの黄色い果実しか知らない。食品ということを除けば、捨てられたバナナの皮で足を滑らせるぐらいのイメージしか、私たちにはない。しかし、人類最古の栽培作物のひとつであり、東南アジアの原産だから、その土地の人びとは、食品としてだけでなく、バナナを総合的に利用する。その利用法は、日本人が竹を利用する仕方に似ている。

たとえば、プラスティックが世界の隅ずみまでゆきわたった今日でも、緑のみずみずしいバナナの葉は、もっともありふれた食器である。三〇センチ四方ぐらいに切られたものが束ねられて、市場で売られている。日本の主婦が竹の皮を煮物のなべ底に敷いたり落しぶたにするのに似て、バナナの葉にくるんだ魚や野菜を、焚き火でむし焼きにする調理法もある。葉は、壁紙代りの建材にもなるし、雨具の代用もする。

そして茎の繊維は、織物やパルプ材に利用する土地もある。〔……〕いうまでもなく、こうした土着の伝統的なバナナの利用法は、資本主義的な大量生産のプランテーションとは離れたところにある。何よりも農薬の多用が、バナナの多目的利用を不可能にしてしまったのである。

（鶴見良行『バナナと日本人』岩波新書、一九八二年、二一五─二一六頁）

バナナの栽培が東南アジアで始まった時期は、いまから少なくとも紀元前五〇〇〇年までさかのぼる。バナナはその後次々と周辺国に伝播していき、紀元前二〇〇〇年ごろにアフリカ大陸に到達、十六世紀にはアメリカ大陸に到達する。そして十九世紀後半、アメリカで中米のバナナの輸入が本格的に始まる。

ヨーロッパでもバナナの伝来自体は早かったが、一般には長い間知られておらず、普及するのはアメリカの方がやや早かったようだ。

輸送、流通、企業組織といった新たな方式の導入により、国内の様々な地域がしだいに結びつけられ、全米をカバーする単一の市場が形成されていった。新しい食品企業は、大量生産や大規模流通に成功した規格化された自社製品（「ゴールド・メダル」の小麦粉や、「コカコーラ」、「ヴァン・キャンプ」のインゲン豆の缶詰）の愛好者になってもらおうと、すべてのアメリカ人に強力な働きかけを行った。一方でこれらの企業は、中央アメリカから移入されたバナナの例が物語っているように、遠い異境の地でとれる物珍しい食べ物を導入して、流通させることにも成功した。バナナは、移民受け入れの窓口になっていたエリス島で初めて出会ったアメリカの食べ物として、移民たちの記述の中にもたびたび登場している。

（D・ガバッチア『アメリカ食文化』伊藤茂訳、青土社、二〇〇三年、六九頁）

アメリカでは十九世紀末に巨大な「バナナ企業」が生まれ、バナナは庶民の食べ物として定着した。その裏で、バナナの生産国はアメリカの経済的支配や内政干渉に苦しみ、労働者は劣悪な環境下に置かれた。「バナナ共和国」の一つグアテマラでは、一九五四年、クーデターによって当時の政権が転覆させられ、新しくできた軍事独裁政権下で二十万人を超える死者・行方不明者を出したが、きっかけの一つはアメリカ政府と関わりが深いこのバナナ企業だったという。

バナナという果物は、血塗られた果物でもある。南米チリを代表する二十世紀の詩人、パブロ・ネルーダは唄う。

かれらは　自分たちの土地を
新たに「バナナ共和国」と名づけた
そして　眠っている死者たちのうえで——
また　あの偉大や自由や旗をたたかいとりながら
安らかに眠れぬ英雄たちのうえで

かれらは　じゃかすか　喜歌劇《オペラ・ブフ》を　おっ始《ぱじ》めた
かれらは　企業精神を奮い立たせ
シーザーのように　月桂冠を与え
貪欲な利潤追求を　けしかけて
蠅どもの独裁をうちたてたのだ
（「ユナイテッド・フルーツCo.」、『世界の詩集20 ネルーダ詩集』大島博光訳、角川書店、一九七二年、七八―七九頁）

作る人と食べる人

バナナ生産国の受難は過去のものではない。たとえば、ヨーロッパではこれまで旧植民地のカリブ諸国などに対し保護政策を実施しており、バナナなどを生産国に有利な条件で輸入していた。これに対しアメリカがWTOに提訴、争いの末に保護政策は廃止され、貧しいバナナ農家が危機にさらされている。その裏ではアメリカのバナナ企業が政治献金活動をしていたという(3)。また、プランテーション農業の形態はいまなお維持され、多くの労働者たちが依然として厳しい環境下に置かれている。

一方で、新たな動きもある。たとえば、ヨーロッパとアメリカがまだ争っていた一九九八年、森島紘史のグループによって「バナナ・ペーパー・プロジェクト」がスタートした。バナナの収穫後に廃棄物となる偽茎から紙や布を作る技術をバナナ生産国に根づかせることによって自立支援や地球環境保全をめざしたもので、ハイチからカリブ諸国、アフリカへと広がりを見せた。現在は休止。(4) また、二〇〇一年には多摩美術大学で橋本京子のグループが「バナナ・テキスタイル・プロジェクト」を発足させ、二〇一六年まで活動を続けた。こちらもバナナの偽茎から繊維を抽出し、糸と布を作るシステムの構築によって自立支援や地球環境保全をめざしたもの。また、フィリピンではバナナ労働者たち自身が支援組織の協力を受けながら自立への道を歩み始めているという。(5) では、私たち一般の消費者には何ができるだろうか。

先に引用した、バナナの現在を考えるうえでスタンダード・ワークとなっている『バナナと日本人』最終章で、著者の鶴見良行は「私たち日本人のバナナへの関心が、「価格」や「栄養」や「安全性」にだけとどまっている」ことを指摘し、消費者が生産者の苦しみに無関心であってはならないと説いている。しかし、同書の刊行から数十年経った今日、私たちの意識はどのくらい変わっただろうか。

私たち一人ひとりには、バナナの生産国に行って現地の人々の手助けをしたり多国籍企業のプランテーション農業や政治工作をただちにやめさせたりする力はない。しかし、どのバナナを買うかという選択権ならある。そして、市民団体やＮＰＯなどの努力によって選択肢の幅は広げられている。たとえば、フェアトレード商品のバナナ。「フェアトレード」とは「公正な貿易」という意味で、途上国の商品を生産者の労働に見合った値段で継続的に輸入することで生産者を支援する交易活動。「民衆交易」「草の根貿易」などともいう。プランテーション農業のバナナは農薬漬けにならざるをえないが、小規模農家のバナナはその必要がない。つまり、フェアトレード商品の売買によって消費者はより安全な商品を、生産者は適正な報酬と自分自身の安全を手に入れることができる。フェアトレードのバナナは複数のサイトで取り扱われているので、もし近所の店で売られていなくても、インターネットサイトから購入することができる。フェアトレードへの参加は消費者にとって、なんら難しいことではないのである。

店先に並べられたバナナは、工場で大量生産されたものではない。海の向こうで個々の名前と人生のある誰かが私たち消費者のために額に汗して育て、収穫してくれたものだ。一本のバナナから私たちはそのことをイメージできるだろうか。また、食品としてのバナナの効用や安全性についてはたびたびテレビや雑誌で取り上げられるが、バナナの生産者の問題が私たち自身とつながっていることを実感できる機会は、どれくらいあるだろうか。私たち消費者は単なる商品の受取人であってはならない。生産者や労働者をないがしろにし、環境破壊に無関心、そんな企業のあり方に対する視線もまた、今日の消費者には求められている。

四房め　世界に冠たるバナナの皮

イギリスのロンドンで一九九九年、テューダー朝時代（一四八五―一六〇三年）のゴミだめから真っ黒なバナナの皮が見つかった。発掘地はもともと魚を飼う池だったため、バナナは水浸しの土壌の中でかえって風化を免れ、他の遺物とともに奇跡的に時を超えて生き延びてきたようだ。

これは現存する世界最古のバナナの皮かもしれない。

イギリスの文献上最も古いバナナの記録は、一六三三年にトマス・ジョンソンがロンドンでバナナを展示したというもの。ある職員は「バナナは一六三三年以前には別の名前で呼ばれていた可能性もある」と語った。

今後、世界のバナナ史が大きく塗り替えられるかもしれない！

（その後の調査の結果、発掘されたバナナの皮は現代のものと判明した）

バナナの皮ギャグは日本やアメリカだけのものではない。バナナの皮ギャグが世界のあちこちで息づいている事実を、私たちは映画や本などさまざまな手がかりから確かめることができる。

世界バナナの皮めぐり

地球上の二百近くある国々のすべてでバナナの皮ギャグが知られているかどうか、その確認は難しい。しかし、ある国で作られた創作物の中でバナナの皮ギャグが使われていたなら、それはバナナの皮ギャグがその国で知られている証拠ということはできる。

世界中の紙媒体の資料に目を通すことは不可能だが、一部は英訳あるいは邦訳され、私たちでも読むことができる。映像資料は言葉が分からなくとも映像を楽しむことはできる。また、近年ではパソコンの普及やインターネットの発達により、関連情報へのアクセスや資料の入手がより容易になってきている。以下、世界各地におけるバナナの皮ギャグの使用例をいくつか挙げてみよう。

1　香港

近年、バナナの皮ギャグが登場する映画として話題になった作品といえば、チャウ・シンチー監督・主演の『少林サッカー』（二〇〇一）だろう。若い女性がバナナの皮で豪快にすべる衝撃シーンに、ある人は「二十一世紀にもなってバナナの皮とは」とあきれ、ある人は「バナナの皮ですべる人を実写で見たのは初めてだ」と驚いた。バナナの皮ギャグが今世紀初頭に突然よみがえったかのように感じた人は少なくないようだ。しかし、シンチー自身は『喜劇王』(一九九九)ですでにすべっているし、その前の『ミラクル・マスクマン』(一九九五)には大量のバナナの皮をばらまくシーンが二回も登場する。

香港にはバナナの皮ギャグの登場する映画が昔から多い。たとえば、サモ・ハン・キンポー主演のデブゴンシリーズ。サモは『燃えよデブゴン』(一九七八)では、バナナの皮ですべってタクシーに乗り損ねたため走ってタクシーを追いかけるはめになり、一九七九年の『燃えよデブゴン 豚だカップル拳』冒頭では、鎌を持った刺客が草むらに落ちていたバナナの皮ですべって「草刈りだよ」とごまかし、同年の『燃えよデブゴン7』冒頭では、ライバルの肉屋の投げたバナナの皮ですべらされている。

また、西城秀樹主演の『天使行動』(一九八七)では、ラスボスを倒した後の病院の場面でヒロインの一人がバナナの皮ですべったところでストップモーション、そのままエンドロールが流れる。岡村隆史主演の『無問題』(一九九九)では、岡村が相手に殴りかかろうとした瞬間にすべって転ぶ。テレビシリーズ『ワンス・アポン・ア・タイム・イン・チャイナ 八大天王』(一九九五)では黄飛鴻の弟子の一人がすべり、八人の刺客が送られるきっかけになる。

『少林サッカー』以後もバナナの皮ギャグの伝統は続く。猿拳の使い手たちの物語『超酔拳』（二〇〇二）では、「猿といえばバナナ」といわんばかりにバナナが繰り返し登場、もちろんバナナの皮ですべる場面もある。そして物語がシリアスな内容になるとバナナは消える。いわゆる香港ノワールものである『PTU』（二〇〇三）では、刑事がバナナの皮ですべって昏倒している間に銃をなくし、事件の幕開けとなる。ラブコメ『マジック・キッチン』（二〇〇四）では、つき合い始めた主人公たち二人が落ちてきた植木鉢の直撃を免れ、路上のバナナの皮に気づかないまま素通りするという場面がある。

日本人が「ベタすぎてありえない展開」と考えて自主規制してしまうようなギャグやストーリーを、香港の人々はこだわることなく堂々と使って楽しんでいるようだ。

2　インド

インドで製作された図版を多数集めたS・ラオほか『アイディアル・ボーイ』（二〇〇一、未邦訳）という本には、バナナの皮ですべる人を描いた絵が三点も収録されている（次頁図6）。バナナの生産量が世界一の国インドでは、図示して戒める必要があるほど実際の転倒事故が多かったのだろうか。

その一方で、映画においてはバナナの皮すべりがギャグとして早くから使われていた

図6　*An Ideal Boy,* 2001, p. 19

ようだ。たとえば、喜劇映画『詐欺師』（一九五五）では、主人公の投げ捨てたバナナの皮でヒロインがすべり、怒った彼女が投げ捨てたバナナの皮で別の男がすべり、彼に近づこうとした主人公がすべる、というトリプルスリップが見られる。

3　イタリア

日本で活躍する一九六二年生まれのイタリア人タレント、パンツェッタ・ジローラモは子どものころ、行商人をすべらせようとしてバナナの皮をまいたことがあるという。

お客に呼び止められると、いったん全部荷物を降ろして注文の品を取り出すのに、すぐまたひょいとかついで歩き出す。悪ガキだった僕らは「マチステ」の荷物を落とさせることができるか賭けをして、バナナの皮を道にいっぱい落としておいたんだけど、結局成功しなかった。

今考えると、落ちなくてよかったと思うけど、まあバナナの皮で滑るほど「マチステ」だってアホじゃないでしょ。本当にバナナの皮で滑って転ぶ人なんているんだろうか。

（『イタリア的〇〇《マルマル》生活』パンツェッタ喜久子訳、成甲書房、二〇〇四年、一二八頁）

その一九六二年に製作され、日本でも公開されたアクション映画『殺しのビジネス』には、敵をバナナの皮ですべらせて倒す場面があるらしい（未見）。やはり六二年製作のパゾリーニ監督による喜劇映画『月から見た地球』では、ヒロインがバナナの皮で転落死するらしい（これも未見）。また、イタリア・スペイン・西ドイツ合作のマカロニ・ウェスタン『ガンマン大連合』（一九七〇）では、やって来た主人公の足元にバナナの皮を投げつけて笑いものにしようとした男が、主人公の去った後に同じバナナの皮で転倒する。ジローラモ幼少期のイタリアでは、日常でも映画でも、ことほどさようにバナナの皮ですべっていたようだ。

4　ドイツ

K・H・シェールのSF小説『地底のエリート』（松谷健二訳、創元推理文庫、一九六六）では、一人の将軍がバナナの皮ですべったのがきっかけで核戦争が勃発、人類が滅亡の危機に瀕する。これは一つのバナナの皮ですべった結果として最も重篤なものの一つである。(1) また、R・S・ベルナーの字のない絵本『さがしてあそぼう春ものがたり』(ひくまの出版、二〇〇五年)には、ジョギング中にバナナの皮で転倒する男が描かれている。二〇〇七年、同書のミニ版が刊行されている。

5 フランス

フランスにはジャン・ポール・ベルモンドとジャンヌ・モローが共演した、その名も『バナナの皮』(一九六三)という喜劇映画がある。ただし、バナナの皮ですべる場面はない。「「バナナの皮」というのが実は競馬の馬の名ということも人を食っているし、その事件の一つ一つに裏があって、そのまた裏があるというこの面白さの原作をマルセル・オフュールがどう我が物にしているかの点」と書いたのは、当時の淀川長治(『キネマ旬報』一九六四年五月上旬号、九一頁)。フランス語の「バナナの皮」には「相手を陥れる策略」という意味があることから、主人公の二人が相手を次々と手玉に取る面白さ、事件のどんでん返しの面白さを「バナナの皮」の語に象徴させたものでもあるのかもしれない。

なお、『バナナの皮』の監督マルセル・オフュルスの父親はマックス・オフュルスといい、やはり映画監督。彼の喜劇映画『ラ・タンドル・エヌミー』(一九三六、未公開)にはバナナの皮で階段から転落する場面があるらしい(未見)。

近年では、エリック&ラムジー主演の喜劇映画『ドント・ダイ・トゥ・ハード』(二〇〇〇)において、糸のついたお札でヘリコプターのパイロットをおびき寄せ、バナナの皮ですべらせて昏倒させようとする場面がある。

6　イギリス

推理作家のアガサ・クリスティは一九三四年、短篇「黄金の玉」(『リスタデール卿の謎』所収、田村隆一訳、早川書房、二〇〇三年)においてバナナの皮ギャグを使っている。

戯曲『ゴドーを待ちながら』で名高いサミュエル・ベケットによる、イギリスで一九五八年に初演された戯曲『クラップの最後のテープ』(『勝負の終わり/クラップの最後のテープ』所収、安堂信也・高橋康也訳、白水社、二〇〇九年)にもバナナの皮ギャグが登場する。

また、B級SFホラー映画『エイリアンズ』(二〇〇五)には、敵の異星人が落ちていたバナナの皮を一度はスルーするものの、木の枝に頭をぶつけて後ずさりして踏んで転倒、そのまま動かなくなるという場面がある。

7　ロシア

ロシアの人形アニメ『チェブラーシカ』第一話(一九六九)にはスイカの皮ですべる

場面がある。ロシアでもバナナの皮ギャグは早くから知られていたはずだが、当時はバナナよりもスイカの方が流通していたのかもしれない。現代ロシアの劇作家ナジェージダ・プトゥーシキナの戯曲『家族の写真』が二〇〇五年に日本で上演された際（未見）にはバナナの皮ギャグが使われたという新聞記事がある。

ロシアで一九九七年に初演され、その後も上演を重ねている人気作。高田（聖子）は、「ロシアの戯曲という感じではなく、松竹新喜劇のような笑いもある。バナナの皮で滑って転ぶというギャグは、うちの劇団でもよく使うが、世界共通なんだなと思いました」と笑う。

（読売新聞東京本社夕刊、二〇〇五年五月十八日、一一面）

8　フィリピン

バナナの皮ですべる場面のある映画は、バナナの主要な生産国の一つ、フィリピンでも製作されているようだ。

マニラの映画館の入館料は一〇〇〜三〇〇円。毎週水曜日に新しい映画が公開される。地方の映画館では二本立てで映画が上映されることも多い。特にアクション物が多く、典型的なパターンとして、女同士の殴り合い、髪の毛の引っ張り合いなどの取っ組み合いシーンの他、市場でのケンカシーンでは売り物の野菜で敵の頭を一打ちして相手を気絶させたり、追い掛けてくる敵がバナナの皮などで滑ってそのまま動かなくなる場合まである。(2)

（青木舞「フィリピン映画の鑑賞法」、『手わたしバナナくらぶニュース』二〇〇三年一月号）

バナナの皮とアメリカ

このように、バナナの皮ギャグが世界中で使われているのはなぜだろうか。無声映画の時代、チャップリンらのアメリカ喜劇映画は世界中に配給されていた。言葉の壁にはばまれることなく、世界中の誰もが彼らのシンプルな視覚的ギャグで笑うことができた。世界の国々に種まかれたバナナの皮ギャグは、こうしてそのままその国々に定着し、受け継がれていったのではないだろうか。そのアメリカでも、バナナの皮ですべる伝統はいまなお守られ続けている。

アダム・サンドラー主演の喜劇映画『ビリー・マジソン』（一九九五）では、いじめっ子一家の乗った車がバナナの皮（捨てたのはクリス・ファーレイ）ですべり、道路から転落する。ハリソン・フォード主演作『逃亡者』（一九九三）で護送車が道路から転

図７　*Watch Out for Banana Peels*, 2007

落したのは囚人に発砲した弾丸が運転手に命中したためだったが、そのパロディのレスリー・ニールセン主演作『裸の銃を持つ逃亡者』（一九九八）では路上のバナナの皮を運転手がよけようとして事故になる。教育番組『セサミストリート』の絵本『ウォッチ・アウト・フォー・バナナ・ピールズ』（二〇〇〇、未邦訳）は身の回りの安全をテーマとしており、表紙ではグローバーがバナナの皮ですべっている（図７）。アニメ『トムとジェリー』シリーズの劇場版『トムとジェリー 魔法の指輪』（二〇〇一）ではトムのすべったバナナの皮に魔法がかかって巨大化、トムとジェリーを乗せて次の舞台まで滑走する。また、アニメ『スポンジ・ボブ』シリーズの一話「ボクの笑い箱」（二〇〇五）では、笑うことを禁じられた主人公の目の前で友人がバナナの皮で三度にわたってすべり、パイ売りが巨大パイの下敷きになる。

　バナナの皮ギャグはアメリカ文学においても長い伝統を保っており、その舞台は地球上に限らない。

ジョエル・タウンズリー・ロジャーズの推理小説『赤い右手』(夏来健次訳、国書刊行会、一九九七年)では、主人公が犯人と対峙する緊迫のクライマックスでバナナの皮が登場する。

ジョン・ディクスン・カーの推理小説「妖魔の森の家」(一九四七)では、主人公のヘンリー・メリヴェール卿が登場直後にバナナの皮で階段から転落する。この作品の本邦初訳「魔の森の家」(江戸川乱歩訳)は『エラリイ・クイーンズ・ミステリ・マガジン』日本版創刊号(一九五六年七月号、早川書房)に掲載された。

アーサー・K・バーンズのSF小説『惑星間の狩人《ハンター》』(中村能三訳、創元推理文庫、一九六九年)の一編「海王星」(一九四六年)では、火星産のバナナの皮がオチに使われる。デイヴィッド・ブリンのSF小説『星海の楽園』では、暗喩が「喩象」として実体化する「Eレベル超空間」において、宇宙ステーションがバナナの皮でひっくり返る。搭乗していた監視官はネオ・チンパンジーのハリー。

傾きがいっそう大きくなった。回転する後輪からは、ステーションをヒトデの上に押しあげようとする苦闘のうなりが聞こえているが、そこでとうとう、後輪自体も黄色い腕に接触した。

まさにその瞬間、ハリーはやっとアナロジーの意味に気づき、愕然としつつ、叫んだ。
「だめだ！　バックしろ！　こいつは、バ――」
（『星海の楽園』上巻、酒井昭伸訳、ハヤカワ文庫、二〇〇三年、三五頁）

また、リリアン・J・ブラウンの推理小説『猫はバナナの皮をむく』（羽田詩津子訳、ハヤカワ文庫、二〇〇六年）では、シャム猫がバナナの皮で男をすべらせる。

外国語辞典の中のバナナの皮

外国語辞典をめくると、「バナナの皮」あるいは「バナナの皮ですべる」に相当する言葉は複数の国で比喩的、慣用句的に使われていることが分かる。バナナの皮ギャグはその国の言語にまで影響を及ぼしているようだ。

たとえば、イタリア語で「バナナの皮」は〝buccia di banana〟という。

scivolare su una buccia di banana　へまをする、思いがけない事故にあう。[3]
（『伊和中辞典』第二版、小学館、一九九九年、一七二一―一七三頁）

また、フランス語で「バナナの皮」は〝peau de banane〟という。

peau de banane　人を失敗させるための不当なやりかた。
（『クラウン仏和辞典』第六版、三省堂、二〇〇六年、一一二七頁）

日本語ではどうか。日本ではバナナの皮ギャグがよく知られているにもかかわらず、「バナナの皮」という言葉自体に本来の意味以上の意味はないし、象徴的な意味合いで用いられた例も少ない。また、「ドジを踏む」「地雷を踏む」といった言い回しが「バナナの皮を踏む」に取って代わられる兆候もいまのところない。ただし、インターネット上のブログなどを読む限り、何かを踏んで勢いよくすべってしまったときに「バナナの皮でも踏んだみたいに」というふうに表現する人は少なくないようだ。

象徴的な意味合いを持つ日本語といえば、「バナナの皮」よりも「すべる」だろう。「口がすべる」といえば言うべきでないことをうっかり口にしてしまうことだし、「大学をすべる」といえば大学受験に失敗すること、「すべり芸人」といえば常にネタがすべる、つまり笑いをとれないことでかえって一定の地位を確立するに至った芸人を指す。

なお、バナナの皮は一部の辞典類に用例として登場する。たとえば、文部省編『外国人のための漢字辞典』（大蔵省印刷局、一九六六年）は「滑る」の用例の一つに「バナナの皮（かわ）をふんで、足がすべってころんだ。He slipped on a banana skin.」を挙げている。松村明編『大辞林』（三省堂）は一九八八年の初版から「ひっくりかえる」の用例の一つに「バナナの皮にすべって―・る」を挙げ、一九九五年の第二版から「すっころぶ」の用例に「バナナの皮を踏んで―・んだ」を挙げている。また、北原保雄編『明鏡国語辞典』（大修館書店、二〇〇二年）は「すべる」の用例の一つに「バナナの皮で―・って転びそうになった」を挙げている。

では、英語ではどうか。「バナナの皮」は英語で"banana peel"または"banana skin"というが、英語の「バナナの皮」もやはり成句になっている。

（話）人に失策をさせる思いがけない危険、つまずき。

（『ランダムハウス英和大辞典』第二版、小学館、一九九四年、二一〇頁）

［英話］失態を招くもの。

（『グランドコンサイス英和辞典』初版、三省堂、二〇〇一年、一九一頁）

英語の「バナナの皮」は、特に政治家の失言や失政を指すものとされている。たとえば次の新聞記事では、イギリスのサッチャー首相（当時）の相次ぐ失政を「バナナの皮」と表現している。ちなみにこの記事の見出しでは、「バナナの皮」に「労組加入禁止措置・身内の疑惑……」とルビがふられている。

「バナナ・スキン（バナナの皮）」といわれるような小さな失敗が続いて、サッチャー英首相のイメージが急落している。〔……〕バナナ・スキンの典型は、政府通信本部職員の労働組合加入を禁止した措置。〔……〕愛息マーク・サッチャー氏の事業活動とのかかわりも、もう一つのバナナ・スキン。オマーンの大学建設問題を追及されたサッチャー首相は回答を拒否しているが、この問題では、夫のデニス・サッチャー氏の関与まで浮かび始めている。昨年秋の米国のグレナダ侵攻への対応もバナナ・スキンといわれたし、地方財政関連法案の表決では、与党からも反乱議員が出た。
（朝日新聞東京本社朝刊、一九八四年三月七日、七面）

ところで、「バナナの皮」が英語においてこのような意味で使われるようになったのはいつごろからだろうか。その手がかりを示しているのが、研究社版の『新英和大辞典』。

（口語）思いがけない災難のもととなるもの、つまずきの原因：slip on a banana skin 失態を演じる。政治に関連して用いられる。【1907】

（第六版、二〇〇二年、一九一頁）

この【1907】とは、*The Oxford English Dictionary* における次の初出例を指すようだ。

The banana-skin trouble in this direction had seemed to be sufficient of a fresh nuisance.

（The Oxford English Dictionary 2nd edition, Clarendon Press, 1989. p. 919）

これは、イギリスの新聞『ウェストミンスター・ガゼット』（一九〇七年九月十九日付）の記事の一節から引用したもの。"the banana-skin trouble"（バナナの皮的トラブル）といってバナナの皮を比喩的に用いている。つまり、イギリスでは少なくとも一九〇七年には「バナナの皮はすべる」という概念が成立していたことになる。

一九〇七年といえば、チャップリンがアメリカで映画デビューした一九一四年よりも古い。やはりバナナの皮ギャグはチャップリン以前から存在したのか。それとも、「バナナの皮はすべる」という概念そのものは早くから成立していたものの、チャップリンらが映画の中でギャグとして取り上げたことで初めてギャグになったのか。

バナナの皮ギャグの原点にたどり着くまでには、もう少し時間がかかりそうだ。

五房め　お笑いに王道あり

二〇〇四年、イギリス・ケント州のクリス・マクドネルはバナナの皮ですべる実験を重ねた末、「バナナの皮はそれほどすべらない。バナナの皮ギャグはおそらく創作物から生まれたフィクションだろう」と結論づけた。

それからしばらく経ったある日、彼はスーパーマーケットで転倒した。彼をすべらせたのは、バナナの皮だった。

「バナナの皮ですべる」はギャグ。これは揺るぎない事実である。しかし、バナナの皮ギャグはもはやバナナの皮ですべった様子のおかしさで笑わせるだけの素朴なギャグとはいえない。なぜなら、バナナの皮ギャグは「お約束ギャグ」だから。

お約束と私

幼いころ、我が家の本棚には『学研まんが ひみつシリーズ』や小学館『少年少女日本の歴史』などの学習漫画が並んでいて、毎日飽きもせず読みふけっていた。私がそれらの本から学んだのは膨大な知識の数々と、もう一つ、漫画というものの読み方である。効果線や吹き出しなどの表現技法から、緊張したら汗が流れる、驚いたら帽子が飛ぶといった漫画ならではの約束事までを、ごく自然に学び取ることができた。

そのころ、テレビではいわゆる戦隊ものや藤子不二雄原作のアニメ、「世界名作劇場」のシリーズをよく見ていた。戦隊ものではせっかく倒した敵が巨大化、それを巨大ロボットでもう一度倒すというパターンが毎週のように繰り返されたが、それをワンパターンと感じることはなかった。むしろワンパターンでなければ当時の私はついていけなかっただろうし、毎週の変わらない楽しみにはならなかっただろう。

「世界名作劇場」の『ふしぎな島のフローネ』（一九八一）だったか、あるアニメで砂糖と間違えて塩でケーキを作ってしまうという場面があり、「塩味のケーキか、一度食べてみたいな」と思ったことをいまでも覚えている。そのころ、砂糖と塩を間違えるというのがいわゆる「お約束」の一つだとはまったく知らなかった。バナナの皮ギャグなど他の「お約束」にも日常的に接していたはずだが、具体例はほとんど思い出せない。しかし、後年「これってよく見かけるな」と思えるほどには記憶が蓄積されていたようだから不思議なものである。

少し時が流れたある日、私は保健室で何かの順番待ちをしていた。すると、それまで骨格標本を眺めていた級友が突然、「私、漫画によく出てくるあの肉を食べてみたい」と言い出した。ピンと来た私が「それはもしかして、両端から骨が出ていてそこを握って、かぶりついたら肉がニューッと伸びる……」と応じると、彼女は嬉しそうに「そう、それ！」とうなずいた。そのときふと、「あれ？　そういえばああいう肉って漫画やアニメでしか見かけないけど……」という疑問が一瞬頭をよぎったことを覚えている。「マンガ肉」という言葉や概念が世間で認知され始めていたころではなかったかと思う。

時代劇やカンフー映画はいつも楽しく見ていたが、テレビの二時間サスペンスドラマは長い間あまり好きではなかった。子どものころの私は、「二サス」は殺人や推理をテーマにしているから真面目に見ないといけないのだと思い込んでおり、それなのに複数の作品に似たようなシチュエーションやストーリー展開が繰り返し登場するのはひどいふざけのように感じられたのである。たとえば、「崖っぷちで犯人が延々と犯行動機を語る」というクライマックスシーンは何度見たことだろう[1]。それに、あの長ったらしいタイトルは一体なんなのだ。しかし、ある日、昼ドラというものを初めてじっくり見てみた私は、そのあまりにクサい演技やセリフ回しに呆然となり、信じがたいがこれはわざとやっているのだと納得せざるを得なかった。その瞬間、昼ドラも二サスもつまりは様式美、伝統美であり、あの陳腐さは楽しむためにこそ存在するのだ、ということにようやく思い至ったのである。

　そうと分かればその後は二サスを気軽に見られるようになり、崖っぷちシーンの登場にも素直に「待ってました！」と喜べるようになった。これが世間で一般に行なわれている「お約束」の楽しみ方だと知ったのはもう少し大人になってからである。

　ある日、テレビをつけると、アニメが放送されていた。ふところから写真を取り出して「この戦争が終わったら結婚するんだ」と語る兵士らしき人物。あれ、この流れって、この人いまから死ぬんじゃ……。それからわずか三十秒後、彼は悪役によってあっさりと殺されてしまった。私は落胆と喜びとが入り混じった複雑な気持ちでつぶやいた。

「……ベタだなあ」

　さらに時が流れたある日、ベタだベタだといわれている映画『ＧＯＡＬ！』（ダニー・キャノン監督、二〇〇五年）のＤＶＤを見てみた。初めは冷やかし半分だったが、若者がサッカーを通じて成長していくまっすぐなストーリー展開に次第に引きこまれ、鑑賞後はさわやかな気持ちになっていた。

お約束ギャグとは

ある特定のシチュエーションにおいて、まるでそれが約束事であるかのように決まった展開が続いたり定番のセリフが使われたりすることがしばしばある。この、必ずしも現実的とは限らないありがちパターンのことを「お約束」という。特定のシチュエーシヨンそのものが「お約束」の場合もあるし、人物設定などストーリー以前の事柄に関する「お約束」もある。これらのうち、特に笑いを目的とした「お約束ギャグ」と呼ばれる一群がある。たとえば、バナナの皮ギャグ。バナナの皮が落ちている、あるいは誰かがバナナの皮をポイ捨てする場面が描かれると、その後まるで約束事であるかのように高確率で誰かがすべって転ぶ場面が続く。バナナの皮ギャグはこの「お約束」をふまえて初めて成立することから、典型的なお約束ギャグの一つといえる。

ところで、お約束ギャグはギャグの中で特異な存在である。そもそもギャグとは、ストーリーの中に差し込む笑わせどころ。「アジャパー」のような言葉による一発ギャグもあれば、登場人物が災難に遭ったり、逆に災難を間一髪で免れたりするシチュエーシヨンをギャグと呼ぶこともある。息抜きのためだけに差し込まれるギャグもあれば、ストーリーの展開上必要なギャグもある。内容の新奇さ、アイデアの生きのよさで勝負するものであることから、ギャグの案出には相応の生みの苦しみを伴う。「泣かせるより笑わせる方が難しい」「ギャグ漫画家の作家生命は短い」などといわれる所以《ゆえん》である。

ところがお約束ギャグの場合、作品の作り手と受け手の双方が「お約束」の存在を事前に知っていることが前提となる。つまり、お約束ギャグにおいてはギャグの命であるはずの内容の新奇さよりも、受け手が「もしかしてこの後あのギャグが！」と期待しその通りの展開になる喜びや、守る必要もない無意味な「お約束」が律儀に守られるナンセンスの方が笑いの要素として重要になる。つまり、お約束ギャグとは素材よりも調理法が問題となるギャグなのであり、通常のギャグとは楽しみ方が異なるのである。

では、お約束ギャグが通常のギャグより知的で高尚なギャグとみなされているかというと、そんなことはない。かつて、お約束ギャグは作り手にとっても受け手にとっても平易で安全な笑いであり、誰もが素直に乗せられて楽しんでいたはずである。しかし今日、お約束ギャグは駄洒落のように一段低い扱いを受けていることの方が多い。これはその他の「お約束」全般についてもいえるのではないだろうか。

アコナイトレコード編『困ったときのベタ辞典』（大和書房、二〇〇五年）では、「お約束」とほぼ同義の「ベタ」について、「お笑いの世界では否定的な意味で使用されることが多いが、特化することで笑いを誘発する場合もある」と説明している。この「否定的な意味で使用される」とはどういうことか。また、「特化」とは何か。

こける蕎麦屋

お約束ギャグの一つに、自転車で出前中の蕎麦屋《そばや》が何かにぶつかり蕎麦まみれ、または出前中の蕎麦屋に誰かがぶつかり蕎麦まみれ、というものがある。このデリバリー・ソバ・ギャグ、すなわちデリソバギャグを使った新旧二つの作品を比べてみよう(2)。

藤子・F・不二雄『ドラえもん』

一九六九年連載開始。藤子・F・不二雄の代表作にして、いまなおアニメ放映が続く国民的作品。一〇一頁に引用したのは「日づけ変更カレンダー」の一場面。日付を自由に変えることができる道具の力でクリスマスプレゼントのローラースケートを早めにもらうことに成功したのび太だったが……。

『ドラえもん』のデリソバギャグはストーリーの中に自然に組み込まれ、登場人物たちもこのいかにも「お約束」的なシチュエーションを素直に受け入れている。当時の読者も特にこだわることなく、漫画ならではのギャグとして素直に楽しんだのだろう。デリソバギャグという「お約束」はまさしく作り手と受け手の暗黙のルールとして正常に機能している(図8)。

古谷実『行け！　稲中卓球部』

一九九三年連載開始。九〇年代を代表するギャグ漫画の一つとして一世を風靡《ふうび》した作品。引用は「激写！」の一場面。冒頭、自転車で蕎麦を運ぶ少年を見かけた前野と田中はまだ何も起きないうちから期待をふくらませ、少年が期待通り蕎麦まみれになると大喜びして記念撮影を行なう。漫画の作中人物でありながら二人はマンガチックなデリソバギャグが目の前で実演されたというので喜び、読者はそれを笑う。その後、少年の目の前でノーパン女子中学生がバナナの皮ですべるなどの展開があることから、この回は「お約束」そのものを主題としたエピソードであることが分かる。

『ドラえもん』は少年誌掲載、『稲中』は青年誌掲載という対象年齢の違いこそあるが、昔といまでは「お約束」の笑い方に大きな変化が生じているらしいことが感じられる（次頁図9）。

図8　藤子・F・不二雄『ドラえもん』3, 小学館, 1974, p.25

文学、芸術、娯楽など創作の分野においては、ジャンルごとに固有の様式や約束事が存在する。しかしそれらは初めから備わっていたものではなく、長い歴史の中で少しずつ培われ、淘汰と洗練を繰り返しながら今日まで受け継がれてきたものである。いわ

図９　古谷実『行け！　稲中卓球部』５，講談社，1995，p.７

ゆる「お約束」も、自然発生的に生まれた定型的な表現や技法が淘汰と洗練を経て、いつしか一目でそれと分かるほどの伝統になったものなのだろう。では、その「お約束」がなぜ「否定的な意味」を持つようになってしまったのか？

　どんなものでもあまりに繰り返されればやがて飽きが来る。まして、創作においては独創性が尊ばれ、定型的なものは陳腐として軽んじられる。新奇さや意外性が命の笑いにおいてはなおさらだ。本来、「待ってました」「ああ、やっぱりこうでなきゃ」という喜びや安心や安定感をもたらすものが「お約束」だったはずなのに、あまりに長年繰り返された結果、「うわー、陳腐」「あーあ、やっぱりそうきたか」という不快な感情をもたらすようになってしまったのである。また、定型や約束事の多くは長い間そのままの姿で継承されていくうちに当初持っていた意味合いや必然性を失い、やがて創作世界からも現実世界からもズレた存在となってしまうことが少なくない。「お約束」も同じである。もともとがギャグとして異質なお約束ギャグならなおさらだ。

　今日のお約束ギャグには、いつごろから使われているのかも、誰が使い始めたのかも分からない、出自不明のものが多いが、元ネタとなった具体的作品や成立のきっかけとなった時代的背景などはあったのかもしれない。

たとえば、かつては片手運転でアクロバティックに出前する蕎麦屋が決して珍しくなく、実際に事故も起きていたらしいことを考えると、デリソバギャグはそうした現実の写し絵・戯画として現実世界から切り取られ、成立当初はそれなりにリアリティのあるギャグだったであろうことが想像される。しかし、「お約束」は出自や内容よりも同じ構図が繰り返されることに意義があるため、一度「お約束」として確立してしまえば元の文脈はどうでもよくなり、やがて失われてしまったのではないだろうか。それは「お約束」が「とにかく昔から使われているので使う」以外の存在理由を失うことを意味する。しかし、「お約束」としての構図はいつまでも変わらないのに、表現技法や求められる笑いは時代とともに刻々と変わり、作り手も受け手もジャンル自体も成熟していく。デリソバギャグの場合、現実世界では自転車の蕎麦屋は次第に姿を消し、創作世界に取り残された「こける蕎麦屋」という構図は次第に現実離れし、ギャグとしても古臭く違和感の強いものになっていった。このようにして「お約束」は時とともに現実世界からも創作世界からもズレていき、「否定的な意味」を持つようになったのだろう。

古くなればなるほど、ズレればズレるほど、価値を失っていくかにみえる「お約束」。では、バナナの皮ギャグを始めとする従来の「お約束」が今なお現役のまま使われ続けているのは、一体なぜだろうか。

古びゆくバナナの皮

誰かがすべって転んださまを笑う行為そのものは遠い昔から存在し、決して珍しいものではない(3)。あるとき、なんらかのきっかけでこれにバナナの皮が結びつけられた。転ぶ笑いの一形態としての、バナナの皮ギャグの誕生である。初めはバナナの皮ですべって転ぶ不様《ぶざま》さが笑いの種だったのだろう。やがてバナナの皮ギャグがあちこちで繰り返し使われるようになると、いつしか人々の間に「バナナの皮が落ちていれば誰かが踏んで転ぶ」「バナナの皮はすべる」という共通認識が生まれ、やがて定着した。こうして創作世界における「お約束」となったバナナの皮ギャグの使用頻度はますます高まり、敵を転ばせる小道具として、あるいは登場人物のドジっぷりを示す小道具として当たり前のように使われるようになったのではないだろうか。

それでは以下、過去のいくつかの作品の中からバナナの皮ギャグを探し、お約束ギャグとしてのバナナの皮ギャグの変遷をたどってみよう。まずは敗戦直後の一九四六年、十七歳の若さで漫画家デビューした〝漫画の神様〟手塚治虫の初期作品から。

手塚治虫「摩天楼小僧」

雑誌『少年クラブ』（戦前の代表的な少年誌『少年倶楽部』を改題したもの）初出の読切短篇。事件の解決後、主人公の少年と仲良しのネズミは危険な石を飲み込んだというので解剖されそうになるが、ネズミを連れて行こうとした男は唐突にバナナの皮ですべり、ネズミは難を逃れる。バナナの皮ギャグでオチをつけることができた古き良き時代の作品といえる（図10）。

手塚治虫『ロック冒険記』

一九五二年、同誌で連載が始まった作品。シリアスな内容のSF長篇で、当時はその複雑さゆえあまり理解されなかったという。また、主人公の少年が死を迎える結末（単行本での加筆）はそれまでの児童漫画に例のないものだった。ところが、同作品では緊張感漂う場面で大真面目にバナナの皮が使われている。今日の感覚からすれば「なぜそこでバナナの皮？」となるところだが、バナナの皮が人をすべらせる定番の小道具だった当時の読者にとっては読む上での支障にはならなかったのかもしれない（次頁図11）。

図10『少年クラブ』1952年新年増刊号, p.176

当時、漫画は笑いと不可分の関係にあった。漫画がシリアス一色の劇画とギャグ中心のギャグ漫画にはっきりと分かれ

図11『少年クラブ』1954年3月号, p. 109

るのは六〇年代に入ってからである。

では次に、ギャグ漫画のパイオニア的存在である赤塚不二夫の作品を見てみよう。

赤塚不二夫『おそ松くん』

一九六二年、連載開始。赤塚の最初の本格的ギャグ漫画である。『おそ松くん』初のバナナの皮ギャグは「こづかい毎日五万円!」（初出＝一九六三）の回に登場する。次の場面は大金持ちの養子になったおそ松が、やっぱり家族が恋しくなって逃げ帰るところ（図12）。

バナナの皮ギャグはその後の赤塚作品にもたびたび登場するが、『もーれつア太郎』ではデコッ八がバナナの皮ですべって「このオ!!」と怒るとまたすべってしまい、『レッツラゴン』では熊のベラマッチャが主人公の父親をバナナの皮ですべらせても父親は怒れない、そのわけは……というふうに、ギャグとしてのあり方は非常にベタである。

次に、児童漫画の名作の数々を世に送り出した藤子不二雄Ⓐの作品を見てみよう。

藤子不二雄Ⓐ『マネー・ハンター　フータくん』

一九六四年、連載開始。「何でもはこぶよドッコラショ」（初出＝一九六四）の回、運送会社で働くことになった主人公はよりによってコワレモノを運んでいる最中にバナナの皮ですべってしまう。コワレモノの運命やいかに（図13）。

藤子不二雄Ⓐ『怪物くん』

一九六五年、連載開始。藤子不二雄Ⓐの代表作の一つ。その一話「やく病神がやってきた」（初出＝一九六八）では、主人公がバナナの皮ですべったのを手始めに、疫病神に

図12　赤塚不二夫『おそ松くん』5，竹書房文庫，2005，p. 105

図13　藤子不二雄Ⓐ『マネー・ハンター　フータくん』3，ブッキング，2003，p. 82

取り憑かれた主人公一行が次々と災難に襲われる（図14）。

このように、「お約束」であるバナナの皮は登場人物が使う小道具、あるいはドジっぷりや不運を示すための小道具として積極的に役割を与えられ続けてきた。しかし、ひとたび「お約束」として確立したギャグがそのままなんの工夫もなく使われ続ければ、待ち受けているのは陳腐化、もしくはズレである。いくら公式化した「お約束」とはいえ、お約束ギャグはただベタなままではやがて笑えなくなり、ギャグとしての使命が終わってしまう。

図14　藤子不二雄Ⓐ『新編集怪物くん』17，ブッキング，2002，p. 66

そこで次に、内容を一ひねりした応用パターンが作られた。ベタな「お約束」を核としつつそこに一ひねり加えることで、お約束ギャグでありながら意外性や新鮮味のある笑いをもたらすことができる、というわけである。たとえば、バナナの皮ですべったのが人間ならギャグとして平凡だが、走行中の車であれば、非現実味や喜劇性は大幅にアップする。「バナナの皮で車がすべる」はバナナの皮ギャグの応用パターンの一つといえる。図15も『怪物くん』の一話「怪物くんひとり旅」（初出＝一九六九）。かっぱらい少年に間違えられて捕まった主人公は網走送りになるが……。

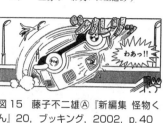

秋本治『こちら葛飾区亀有公園前派出所』

「バナナの皮で車がすべる」はバナナの皮ですべるものを特殊化する発想だが、バナナの皮そのものを特殊化することもできる。たとえば、バナナの皮を巨大化するとどうか。見た目もおかしいし、すべらせる力も大幅にアップするだろう。次の例は、「バナナの皮で車がすべる」と「バナナの皮の巨大化」を組み合わせた、「巨大バナナの皮で車がすべる」という応用パターンである（次頁図16）。

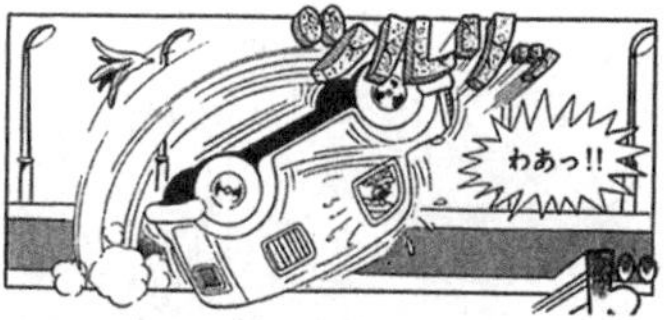

図15　藤子不二雄Ⓐ『新編集 怪物くん』20，ブッキング，2002，p.40

沢田ユキオ『スーパーマリオくん』

「バナナの皮で車がすべる」というと、レースゲーム「マリオカート」シリーズを連想する人も多いだろう。バナナの皮はカートをスピンさせるアイテムの一つとして使われているからである。同シリーズの漫画版である沢田ユキオ『スーパーマリオくん』第六巻には、「バナナの皮で車がすべる」と「バナナの皮が巨大」を組み合わせてさらにひねった「巨大バナナの皮でできた道路で車がすべる」という大胆な応用パターンが描かれ

図16　秋本治『こちら葛飾区亀有公園前派出所』63，集英社，1990，p. 26

ている。

しかし、応用パターンの案出だけではいずれ限界が訪れる。内容の核となる「お約束」の内容がすでに定まったものである以上、作られる応用パターンの数も限られているし、それらの応用パターンもまた陳腐化・ズレを免れることはできないからである。

ここで鍵になるものこそ、陳腐化・ズレである。本書二〇頁でふれた笑いに関する理論の一つ、「ズレの理論」を思い出していただきたい。笑いのふところは実に深い。通常ならばマイナス要素でしかないはずの陳腐さやズレも、しかし笑いの世界においては逆にプラス要素になりうるのである。

古すぎて新しい

いいアイデアがひらめいたときの象徴的な表現「光る電球」。昔の漫画でしばしば描かれ、今日でも記号的なデザインとして広く使われている一方、漫画における通常の表現技法としてはすっかりレトロな存在になってしまった。図17の作品では、作者はこの「光る電球」をわざわざ描いた上、自分で「古すぎて新しい」とツッコミを入れている。

このツッコミの存在により、「光る電球」が昔ながらの記号的表現ではなくギャグとして描かれたものであることがはっきりと分かる。

近年、陳腐化したマンガチックな表現や定型の多くが、このように陳腐さや違和感を逆手に取った方法によってギャグとして生まれ変わり、新たな存在意義を獲得している。たとえば、「マンガ肉」。吉田戦車『伝染るんです。』第一巻（小学館、一九九〇年）あたりから広まったものと思われる。しかし、「マンガ肉」そのものは近年になって突然発明されたものではなく、食肉の分かりやすい記号として何十年も前から描かれていた。

図17　冨樫義博『幽★遊★白書』13，集英社，1993，p.91

つまり「マンガ肉」という名称や概念が定着する以前、あの肉はただの肉にすぎなかったのである。しかし、『伝染るんです。』第一巻の「あれ、私食べたかったのよねえ！」というセリフがずばり表しているように、以前から多くの人が「漫画によく出てくる骨つき肉って何だかおいしそう」「でも実際に見たことはないな」などの思いをめいめい抱いていたようだ。

また、今日ではギャグとして描かれることが多い「トーストくわえて遅刻遅刻」。これに最初にスポットを当てたのは相原コージ・竹熊健太郎『サルでも描けるまんが教室』第一巻（小学館、一九九〇年）あたりだろうか。朝、遅刻しそうなので朝食をゆっくり摂る間もなくあわてて家を飛び出すさまを分かりやすく表現したもので、コミカルな描写ではあるがギャグというほどのものではなかった。しかしこちらも以前から「漫画でときどき見かけるけど、実際にそんな人に会ったことはないな」などと感じていた読者は少なくなかったはずである。

これらはみな、もともとはストーリーや作品世界の構成要素にすぎなかったものが経年による陳腐化・ズレによって徐々に違和感を生じ、潜在的に「特化」されつつあったところに、表立って取り上げられたことで一気にギャグとして顕在化、公式化したのだろう。

同じような現象がお約束ギャグにも起きている。「お約束」の内容よりも外形のあり方に着目し、陳腐化・ズレを逆手に取った「お約束」破りというべき手法の出現である。

前出『伝染るんです。』の場合、一九八九年の連載開始当時の読者にとって、バナナの皮ギャグを始めとするお約束ギャグの数々は主観的にも客観的にも十分に過去のものだった。図18は四コマ漫画の一コマ目だが、それまでのコマですでに多くの人が否定的に感じていたであろうギャグを連続して用い、最後に作中人物のヤクザが読者視点のツッコミを入れることによって、結果的にお約束ギャグで読者を笑わせるのに成功している。また、図19の次のコマでは、バナナの皮ですべった少年に「古いにも程があるで‼」というツッコミが入れられている。

近年、お約束ギャグが使われる際に、このように作品内で「古い」「いまどき」などの否定的なツッコミが入ることが少なくない。作品の受け手が作品の外から入れるはずだった否定的なツッコミを作品内で先回りして入れておくことで、受け手があらかじめ抱いていたお約束ギャグへの否定的感情はそのままツッコミに対する共感となり、結果

図18　吉田戦車『伝染るんです。』1，小学館，1990，p. 41

図19　ゴツボ×リュウジ『ササナキ』3，角川書店，2006，p. 141

図20　こやま基夫『おざなりダンジョン』12，学習研究社，1994，p. 94

図21　みず谷なおき『バーバリアンズ』2，徳間書店，1998，p. 138

としてギャグの肯定、そして笑いにつながる。加えて、これはメタ的な笑いである。つまり、ギャグそのものをギャグ化するメタギャグであり、また「お約束」の嘘っぽさを創作世界の中で強調してみせるメタフィクションである。作中人物にわざわざ「お約束」と言わせる手法も、メタギャグ・メタフィクションの笑いの一つといえる（図20、21）。

図22に至っては、作中人物がわざわざ「お約束」的展開を予想し、直後その通りになっている。

「古さ」とは流動的な価値基準にすぎない。古くなって一度は存在意義を失いかけたものが、時の流れとともに臭みが取れ、やがて懐かしさ、新鮮さ、あるいは稀少価値を帯びて再び好意的に迎えられるという逆転現象が生じることがある。お約束ギャグもまた、その陳腐さやズレが決定的となったとき、「ズレの理論」が有効となり、「お約束」破りの手法によって陳腐さやズレを超克し、より高度で揺るぎないお約束ギャグとして不滅の存在となったのである。

　ここで、一つの疑問が残る。すべてのギャグがお約束ギャグになるわけではない。お約束ギャグとそうならなかったギャグには何か違いがあったはずである。では、多くのギャグが生まれては消えていった一方、お約束ギャグはなぜお約束ギャグとして生き続けることができたのだろうか。古い古いと否定されつつ、その古さやズレを逆手に取ってまでして生き残ってきたその生命力の秘密は何か。もしかして、お約束ギャグには古さやズレといった相対的な価値基準だけでは推し量れない何かがあるのではないだろうか。

図22　藤代健『ながされて藍蘭島』1，スクウェア・エニックス，2003，p. 98

　そもそも、私たちはベタな笑いを素直に楽しむ気持ちを本当になくしてしまったのだろうか。そうではあるまい。私たちが

「ベタだなあ」とつぶやくとき、そこにあるのは全否定の感情ではないはずである。それどころか、近年では「お約束」を主題とした小説や「お約束」を考察した本が相ついで書かれたり、「お約束」を網羅・検証したウェブサイトやスレッドが複数立ち上げられたり、「お約束」ばかりで構成した「ベタドラマ」がテレビ番組内のドラマとして製作されたりと、「お約束」を娯楽として楽しむ風潮さえ生まれているのである。(4)

では、「お約束」の真の価値、条件とは一体どのようなものだろうか。

六房め　永遠のお約束

昔話の一つ「猿蟹合戦」は、猿が柿の実を蟹にぶつけて蟹が死亡または大けが、蟹の子どもたちが栗・蜂・石臼とともに敵討ち、最後に猿は石臼の下敷きになってめでたしめでたし、という内容のストーリー。

ところで、あなたはもう一人のメンバー、「牛の糞」をご存知だろうか。今日ではややマイナーながら、排泄物がいっちょまえに活躍するバージョンの「猿蟹合戦」も実在するのだ。彼の役割は戸口まで逃げ出してきた猿をすべらせること。その瞬間をねらって石臼が飛び降り、猿を仕留めるのである。明治以前の日本では、「すべる」といえば牛の糞だったのかもしれない。

今日いうところの「猿蟹合戦」とは、日本各地に伝わる類似した内容の民話を一つの形にまとめたものにすぎず、地方によってはすべらせ役がいなかったり、昆布や粘土や鰻がすべらせ役を務めたりと実にさまざまなバージョンがある。牛の糞だろうと昆布だろうと、「これが正解」というものは本来存在しないのである。興味深いことに、動物の糞が敵をすべらせる内容の民話は日本以外の国にもいくつか伝わっている。

近年、教育的「配慮」から昔話の内容が一部改変されることが少なくないが、「猿蟹合戦」においても、出版前に牛の糞が昆布に差し替えられた事例がある（武田正『昔話の発見』岩田書院、一九九五年）。こうした「配慮」もまた、牛の糞の知名度が低い一因かもしれない。

この世には、古すぎて陳腐でしかないはずなのに廃れないものがある。なぜなら、いつまでもその価値が失われないからだ。

「古典」と呼ばれる作品の一群がある。数十年から数百年、中には数千年もの間、人々の鑑賞に堪え続けている作品もある。「古典」が飾り物の骨董品と大きく異なるのは、いまなお鑑賞され続けている、つまり現役の作品だという点である。時を超えて常に人々の心に訴え続ける作品、つまり普遍的価値のある作品のみが「古典」として生き残ったのである。お約束ギャグもまた、ギャグとしての普遍性を有しているからこそギャグの古典的存在として生き残ったのではないだろうか。

ベタな笑いとメタな笑い

お約束ギャグとそうならなかったその他のギャグの違いは、ギャグとしての普遍性の有無にあったと考えられる。では、お約束ギャグの普遍性とはどのようなものか。それはシンプルな笑いであること、そして笑いの基本的要素をおさえていることではないだろうか。

奇抜で独創的なギャグは優れたギャグといえるが、繰り返して使うことは難しい。時事問題を扱ったギャグは時が経てば理解されなくなり、パロディはやがて元ネタとともに忘れられる。一発ギャグは飽きられれば終わりである。一方、お約束ギャグは慎ましい内容のものが多く、しかも日常生活において必ずしも起こりえないとはいえない事柄を題材にしている。そのため繰り返しに強く、応用パターンも作りやすい。また、特定の作者や作品のオリジナリティを感じさせず、公共財のように誰もが遠慮なく使える。

シンプルな笑いとは小さな子どもでも笑える初歩的な笑いであるとともに、どの年齢層にもいつの時代でも通用する根幹的な笑いでもある。人が面白いと感じる笑いの基本的要素はいつの世も変わらない。お約束ギャグはギャグとしての鮮度を明らかに失っていながらも笑いの基本に忠実であるゆえ、何十年経ってもそのおかしみが完全に失われることはない。これらはベタな笑い全般に対してもいえる。

初歩的な笑いという性質上、子ども向けの作品にはベタな笑いの比率が特に高い。笑いの経験値がまだ低い子どもにとって、ベタな笑いはただちに理解でき、素直に楽しめる笑いといえる。こうして人は、まず初歩的であり根幹的な笑いであるベタな笑いに親しみ、それからより高度で複雑な笑いにふれていくのである。

たとえば、戦隊もののテレビ番組『大戦隊ゴーグルファイブ』第二十七話（一九八二）では、バナナの皮を投げつけるだけの技「バナナスリップ」でゴーグルファイブがすべる。バナナの叩き売りがあったりバナナが武器になったりとバナナづくしの『仮面ライダーBLACK RX』第二十話（一九八九）では、事件の解決後に主人公がバナナの皮ですべる。アニメ『ポケットモンスター 金銀編』第百六十七話（二〇〇〇）では、主人公たちがバナナの皮ですべったのがきっかけで温泉が見つかる。アニメ『ぜんまいざむらい』第四十一話（二〇〇六）では、バナナの皮を投げつけるだけの技「忍法バナナの皮」が主人公の窮地を救う。『仮面ライダー電王』第三十話（二〇〇七）では、不運体質の主人公の乗った自転車が突然パンクして暴走し、仲間に止めてもらうものの、落ちていたバナナの皮でタイヤがスリップしていっしょに転倒してしまう。

これらのベタシーンは、実は大人が見てもけっこう楽しい。人は成長するにつれて次第にベタな笑いを幼稚で下等なものとみなすようになるが、笑い全般のバリエーションやパターンなどの知識がある程度蓄積して身構えができるようになると、やがて子どものころとは異なる視点からベタの良さ、「お約束」の存在意義が理解できるようになるのである。

実際、ベタな笑いは子ども向け作品だけのものではない。二〇〇六年に放映された実写ドラマだけでも、『富豪刑事デラックス』第五話では走り去る車を追おうとした三枚目役の山下真司がバナナの皮ですべり、『特命係長 只野仁』スペシャルには大事な植木鉢を運ぶ高橋克典がバナナの皮ですべるものの逆立ちして鉢を足でナイスキャッチするギャグシーンがあり、香港が舞台の『喰いタン』スペシャルでは東山紀之がラスボスを倒した直後にさっき自分が捨てたバナナの皮ですべって「誰ですかこんなところに置いたのは、プンプン！」と怒る。

バナナの皮ギャグが使われた邦画もいくつか製作されている。たとえば『ザ・スパイダースのバリ島珍道中』（一九六八）では、階段でバナナの皮を踏んですべった田辺昭知が左足を骨折する（バナナを食べていたのは堺正章）。『0093 女王陛下の草刈正雄』（二〇〇七）ではエンドロールの後に「絶対にマネしないで下さい」という注意書きがわざわざ表示される。また、オダギリジョー監督作には『バナナの皮』（二〇〇三）という短篇がある（1）（未見）。

バナナの皮ギャグに限らず、大人向けの実写の作品でわざわざマンガチックなギャグや演出が用いられることがしばしばある。やっていることはベタだが、しかしこれは手法としてはメタである。現実らしさとマンガっぽさのズレによる笑いを意図しているからである。

近年、「お約束」そのものを外側から楽しむ風潮があることはすでに書いた。ベタな笑いを内容の上からだけでなく形式の上からも楽しむ行為はメタな笑いといえる。一方で、今日では「お約束」に対して作品の中でツッコミを入れる手法そのものがすでに一種の「お約束」と化している感がある。こうなるともう何がベタなのかメタなのか、はっきりしない。見方次第でベタはメタに、メタはベタに変わりうる。そもそも、メタな笑いがベタな笑いを前提にしたものである以上、二つの笑いは分離できるものではない。その根は一つである。

また、ベタな笑いこそ笑いの基本と思われがちだが、メタな笑いも決して新奇なものではない。漫画に限ってみても、メタ的といえる手法の笑いは少なくとも戦前から存在する。[2]現実の人物や出来事を念頭に置いた風刺やパロディや楽屋落ちの笑いも古くからのものである。

内容で読ませるべき真面目な作品、たとえばシリアスな社会問題や男女の悲恋などを扱った作品であれば、作品構成やストーリー展開には緊密さが求められる。登場人物たちは真剣に役になりきらなければならないし、たとえ明らかな「お約束」的展開になっても、当人たちがそこにツッコミを入れてはならない。作品の緊張感がぶち壊しになるからである。もちろん、バナナの皮ですべって転ぶなどもってのほかである。一方、笑いとは緊張の緩和、つまり緊張感のぶち壊しから生まれる。やりすぎは作品そのものの崩壊になりかねないが、メタ的な手法はコメディタッチの作品に良い相乗効果をもたらす。笑わせるという目的のためにはなんでもあり、というスケールの大きさこそ笑いの身上である。

また、笑いとは第三者的な、どこか冷めた視点から生まれることが少なくない。風刺の笑いは対象への冷徹な眼差しがなければ作れないし、漫才はツッコミなしのボケっぱなしでは収拾がつかなくなる。メタな笑いもまた笑いの本質といえるのである。

こうしてみると、ベタな笑いでもありメタな笑いでもあるお約束ギャグは、ギャグとして実にしなやかな強さを持っており、決して廃れることはないものと思われる。

正と奇のはざまで

ベタな笑いに対する笑いとしてはもう一つ、シュールな笑いが挙げられる。一九九〇年代以降、漫画やコントなどで盛んになった、非日常的な不条理感を追求した笑いである。

このシュールな笑いをより進化した笑いとみなし、ベタな笑いをより劣ったものとみなす人が少なくない。これは間違い。勝負においては「正」つまり正攻法と、「奇」つまり奇策のどちらが欠けてもいけない。笑いも同じである。基本に忠実でベタな笑いが「正」なら、技巧的でメタな笑いや先鋭的でシュールな笑いは「奇」。ベタなだけではいずれ笑いは取れなくなるが、笑いの約束事をまったく無視したシュールはただの狂気である。

伝統と革新、雅と俗、あるいはリアリズムとロマンチシズム。創造に携わるあらゆる作り手たちはこれら二極のはざまに身を置き、二極のせめぎ合いの中で苦心惨憺しながら、そのはざまにあるとらえがたく永遠なるものを求めてきた。このせめぎ合いに関わることなくして作り手は精進できず、また文化の発展もありえない。

俳人・松尾芭蕉の教えの一つに「不易流行」という言葉がある。以下は弟子の一人・

向井去来の『去来抄』から。

去来曰《いは》く「蕉門に千歳不易《せんざいふえき》の句、一時流行の句といふあり。是《これ》を二つに分けて教へ給へども、その元《もと》は一《ひと》つなり。

不易を知らざれば基《もとゐ》たちがたく、流行を知らざれば風新《ふうあら》たならず。不易は古《いにしへ》によろしく、後《のち》に叶《かな》ふ句なる故《ゆゑ》、千歳不易といふ。流行は一時一時の変にして、昨日《きのふ》の風、今日《けふ》宜《よろ》しからず、今日の風、明日《あす》に用ひがたき故、一時流行とはいふ。はやる事をいふなり」。

（奥田勲ほか校注・訳『新編日本古典文学全集』第八十八巻、小学館、二〇〇一年、五一三頁）

また、マニエリスム論で知られるグスタフ・ルネ・ホッケは次のように書いている。

古典様式の危険は硬化であり、マニエリスムの危険は解体である。絶対への両者に共通の関わり合いは、すくなくとも、ある実り多い接近の可能性を約束する。存在確定的な現存在と存在不確定的な現存在とは、ひとつの相互関係のうちにある。緊張としてのマニエリスムなき古典様式は擬古典主義に堕し、抵抗としての古典様式なきマニエリスムは衒奇性へと堕するのである。
(G・ホッケ『迷宮としての世界』新装版、種村季弘・矢川澄子訳、美術出版社、一九八七年、一二頁)

バナナの皮ギャグも同じである。ベタ、メタ、シュールなどと分析的な視点でアプローチを行なうのもいいが、しかし何より大事なのは、作品の中でギャグとして笑えるかどうかである。そのことを見失ってはならない。たかがバナナの皮ギャグ、しかし作り手には作り手自身の確かなセンス、そして真摯《しんし》な創作態度が求められているのである。

藤子・F・不二雄『ドラえもん』

日本漫画史上の傑作の一つ、『ドラえもん』にそれは踏襲されている。一九九〇年代になってもしずちゃんはバナナの皮ですべり、ジャイアンは「ペンキぬりたて」のベンチに腰かけてしまう。二つともオチにつながる重要なギャグなので作者もベタなギャグであることは十分認識していたと思われるが、ギャグとしての古さが特に強調されているわけではない。子ども向けの『ドラえもん』の作品世界において、作者が奇をてらわず巧を弄《ろう》さない笑いの基本を大切にしていた表れだろう。
とはいえ、作者が単なるベタな作風に終始していたわけではまったくない。むしろ、もたらされている（図23）。

長年にわたって持続する作者のアイデアの豊かさには驚くべきものがある。平明でありながら魅力に富み、かつ破綻のない藤子・F・不二雄作品の絶妙さは、作者のバランス感覚の良さ、多岐にわたる分野への造詣の深さ、そして何より漫画への誠実さによってもたらされている（図23）。

図23 『ドラえもん』43, 小学館, 1992, p. 87

浜岡賢次『浦安鉄筋家族』シリーズ

同じように笑いの基本を大切にする作家の一人に、浜岡賢次がいる。

一九九三年から連載が続く『浦安鉄筋家族』『元祖！ 浦安鉄筋家族』『毎度！ 浦安鉄筋家族』は、日常ギャグ的な作品世界でありながら単なるベタな作風に陥ることのない、しかも陰気なシュールさや湿っぽさとは無縁の正統的なギャグ漫画である。この作者もまたギャグ漫画への誠実な態度を持った人のようだ。『浦安』単行本カバー折り返しのコーナー「浜岡賢次の好きなもの」では、第六巻に「バナナすべり」が挙げられ、「ギャグの基本です!!」という一文が添えられている。基本をおろそかにすまいとする作者の心意気がここに表れている。それを証明するかのように、『浦安』では第一話で早くも主人公の父親がペットのチンパンジーの捨てたバナナの皮ですべり、その後も大量に敷きつめられたバナナの皮ですべったり、巨大バナナの皮ですべったりとさまざまなバナナの皮ギャグが描かれている。

植田まさし『おとぼけ課長』

ベタな笑いは大人向けの漫画でも健在である。四コマ漫画の巨匠・植田まさしの作品の一つ『おとぼけ課長』を見てみよう（図24）。

図24　植田まさし『おとぼけ課長』10，芳文社，1995，p. 7

一九八一年連載開始、二〇一七年半ばからは『おとぼけ部長代理』に出世してさらに連載が続く長寿作品。主人公はバナナの皮すべりはもちろん、「ペンキぬりたて」の被害にも遭うし、マンホールの穴に落ちたこともあればトーストをくわえながら出勤したこともある。そして、そこにメタ的なツッコミは入らない。植田作品には、メタな笑いでもなく子ども向けベタな笑いでもない、昔ながらの伝統的ベタな笑いが息づいており、肩の力の抜けた気楽な笑いを読者に提供している。シュールなネタにほとんど頼れない日常ギャグの四コマ漫画において、植田作品が長年にわたり安定感を誇ってきたその体力の秘訣は、シンプルでアクのない絵柄と、どんな小さなアイデアでも四コマにまとめ上げる技量、そしてあくまで伝統に忠実にベタを描き続けてきた創作態度にあるのだろう。

なお、『おとぼけ課長』は植田作品の中でも特にベタ度が高いが、これは主人公の性格や掲載誌の性質を反映したものでもある。

図25　とり・みき『遠くへいきたい』2，河出書房新社，1997, p. 20

とり・みき『遠くへいきたい』

一九八八年から二〇〇三年にかけて雑誌連載された、九コマのサイレント漫画のシリーズ。言葉に頼れない制約された空間の中で、シュールで奇想天外なアイデアが光る。一九九五年、第四十一回文藝春秋漫画賞を受賞。図25は、伸び続ける足というシュールとバナナの皮ギャグというベタが良い相乗効果を生み出している。

吉田戦車『山田シリーズ』

吉田戦車は一九九〇年代におけるシュールなギャグの流行を作

図26　吉田戦車『山田シリーズ』2，小学館，2004，p. 81

った一人とされる重要な作家。『伝染るんです。』以降に出現した他の作家による亜流作品のいくつかが、単なるシュールのためのシュールに陥っているのとは異なり、吉田作品には正も奇もふまえ骨格のしっかりした笑いがある。

　同作品の一話「皮」は、「バナナの皮を踏んでもすべらない」という応用的バナナの皮ギャグで始まり、それを馬鹿にされた主人公が果物屋の店主との特訓の末に「皮転倒者として一人前」になるまでを描いた、バナナの皮ギャグを主題としたエピソードである。一つのお約束ギャグを一話まるごと、それもいかにも定型的なスポ根的ストーリーに乗せて大真面目に描き切ったこの作品は、シュールささえ漂うほどのベタっぷりである（図26）。

　映画『少林サッカー』が公開された時、バナナの皮ギャグに対する私たちの評価は「面白い!!」から「寒ッ」までさまざまなものがあった。お約束ギャグの何を笑うかは、最終的には受け手次第である。ベタな笑いをそのまま素直に楽しんでもいいし、守る必要もない「お約束」が律儀に守られるナンセンスを感じて楽しむのもいい。ちっとも楽しめないという人がいたっていい。お約束ギャグはうまく生かすことができれば作品に適度な意外性やほのぼの感を与えることができるが、外すと寒いだけである。「ネタが浮かばないからってお約束ギャグなんかにたよったりして、つまんね」ということになりかねない。

作り手にとって諸刃の剣の「お約束」。とはいえ、作り手はひるんではならない。「お約束」はそれゆえにこそ挑む価値がある。「お約束」であることを馬鹿にせず恐れず上手に活用できたとき、受け手は否定的感情を上回る笑いや感動を正しく受け取ることができる。「お約束」とは古来、人々が追求し続けてきた笑いや感動の結晶なのだから。古くて新しいバナナの皮ギャグ、そして数々の伝統的「お約束」がこれからも次々と描き出されることを期待したい。

最後に、バナナの皮ギャグを単なるギャグとしてだけではなく演出としても上手に活用した例を一つ紹介する。

関崎俊三『ああ探偵事務所』

最悪のタイミングで鉢合わせさせられた探偵とその助手。しかし彼らは、後ろで無関係の女性がバナナの皮ですべって転倒するまでの一瞬の間に自分たちの状況を正しく理解することに成功する。

スローモーションの背景に人物の内面の声を書いて、その人物が一瞬の間にすばやく

図27　関崎俊三『ああ探偵事務所』13，白泉社，2007，p.84

思考したことを表現する、これ自体は珍しい手法ではないが、ここでは緊張感あふれる場面に脱力感あふれるバナナの皮を配合した演出が秀逸だ（図27）。

転ぶサザエさん

ところで、手塚治虫は一九二八年（昭和三）生まれ、藤子・F・不二雄は一九三三年（昭和八）生まれ、藤子不二雄Ⓐは一九三四年（昭和九）生まれ、赤塚不二夫は一九三五年（昭和十）生まれ。みな戦前生まれの世代である。もしかして、バナナの皮ギャグは彼らの少年時代にはすでにポピュラーなギャグだったのではないだろうか。

ここで、前出の手塚治虫「摩天楼小僧」よりさらに古い用例を見てみよう。

長谷川町子『サザエさん』

一九四六年連載開始。『ドラえもん』と同じく、いまなおアニメ放映が続く国民的作品にして、ベタな漫画の代名詞的存在。

『サザエさん』初のバナナの皮ギャグは一九四八年十一月十九日、当時の掲載紙『夕刊フクニチ』に登場する。バナナの皮で転んだサザエさん、駅員らしき男に文句を言うが、実はその男は救世軍の人だったので、サザエさんは再度ずっこける（図28）。「実は救世軍」というオチは別の作品『仲よし手帖』第一話（初出＝一九四九）でも使われており、一コマ目のバナナの皮はただのネタふりのようだ。バナナの皮ギャグは戦後間もなくの時点で、すでに人々の常識だったらしい。このサザエさんとバナナの皮ギャグの関係について、注目すべき発言がある。

図28　長谷川町子『長谷川町子全集』2，朝日新聞社，1997，p.64

漫画評論家の清水勲さんは「バナナのギャグはおそらく、大正末期に流行したアメリカのナンセンス漫画から入ってきた。長谷川町子さんもその影響を受けたのだろう」とみる。
（朝日新聞be編集部編『サザエさんをさがして』朝日新聞社、二〇〇五年、一一三頁）

長谷川町子は一九二〇年（大正九）生まれ。どうやら、日本とバナナの皮ギャグの出会いは少なくとも大正時代にまでさかのぼらなければならないようだ。

七房め　バナナの皮の文学史

バナナは日本に広まり始めたころ、「実芭蕉」「芭蕉の実」という和名でも呼ばれた。バナナとバショウはともにバショウ科バショウ属の植物で、その姿はよく似ている。バショウは耐寒性があり、日本でも古くから植えられてきた。中国原産だが、英名は〝Japanese Banana〟という。バナナに似た実を結ぶが、種が多く食用には適さないようだ。

俳人・松尾芭蕉の「芭蕉」という俳号は、もちろんこのバショウに由来する。庭にバショウを植えてから「芭蕉」を名乗り始めたとも、それ以前から名乗っていたともいう。

芭蕉がバナナを詠んだ句はないが、バショウを詠んだ句はいくつか残されている。

芭蕉が没したのは元禄七年十月十二日（一六九四年十一月二十八日）。作家の内田百閒が芭蕉忌を詠んだ俳句に、次のようなものがある。

芭蕉忌　バナナハ実芭蕉

バナナ食むや背戸の時雨を折り句にて

バナナという果物の存在をまったく知らないのでは、バナナの皮ギャグを正しく理解することはできない。日本でバナナという果物が知られるようになったのはいつごろだろうか。その手がかりの一つとなるのが、当時の文学作品である。文学作品もまた時代をうかがい知るための貴重な史料といえる。文学作品の中には書かれた当時の風俗や人々の価値観などがそのまま保存されているからである。

日本におけるバナナの皮ギャグの歴史について、本章では文学作品を中心に見てみよう。

日本とバナナの出会い

明治以前の日本とバナナの関係について、随筆家で書誌学者の柴田宵曲は次のように書いている。

江戸時代の人間が全然バナナを知らなかつたわけではない。佐藤成裕《しげひろ》が文政年間に書いた『中陵漫録』には「蕉実《しょうじつ》」の一項があり、「阿蘭陀《オランダ》人、西洋の地方より持来るは、柿餅の如く其味もまた甜美なり。琉球の蕉園中には、毎歳能く結ぶ。熟する時に至ては、小児多く其下に集ると云」と述べてゐる。しかし「日本には此果の味美なる事、未だしる者なし」といふのだから、この著者もまた伝聞の域を出なかつたのであろう。

（柴田宵曲『明治風物誌』ちくま学芸文庫、二〇〇七年、一七五頁）

日本はもともとバナナの自生地ではなかったが、小笠原諸島や南西諸島には明治以前に外部から伝わり、栽培が始まっている。幕末、外国との接触が始まると、本土の人間によるバナナの記録が複数現れる。たとえば、一八六〇年（万延元）に渡米した使節団の一行はハワイでバナナに出会い、数人が日記に書いている。また、一八六三年（文久三）に渡仏した使節団の一行はエジプトでバナナに出会い、やはり数人が日記に書いている。[1]

明治維新を迎えると本土にもハワイ産や小笠原産のバナナが入ってきたが、それほどの流通量ではなかったようだ。台湾産バナナが初めて輸入（台湾は当時日本領だったので正確には「移入」）されたのは一九〇三年（明治三十六）といわれており、以後はこの台湾産バナナの輸入量が年々増加した。[2]

ここで、一八九二年（明治二十五）生まれの二人の作家に少年時代を語ってもらおう。一人目は芥川龍之介（図29）。以下は、最晩年の自伝的な短篇「点鬼簿」（一九二六）から。

僕は母の発狂したために生まれるが早いか養家に来たから、（養家は母かたの伯父の家だった）僕の父にも冷淡だった。僕の父は牛乳屋であり、小さい成功者の一人らしかった。僕に当時新らしかった果物や飲料を教えたのはことごとく僕の父である。バナナ、アイスクリイム、パイナアップル、ラム酒、——まだそのほかにもあったかも知れない。僕は当時新宿にあった牧場の外の槲《かし》の葉かげにラム酒を飲んだことを覚えている。ラム酒は非常にアルコオル分の少ない、橙黄色《とうこうしょく》を帯びた飲料だった。

僕の父は幼い僕にこういう珍らしいものを勧め、養家から僕を取り戻そうとした。僕は一夜大森の魚栄《うおえい》でアイスクリイムを勧められながら、露骨に実家へ逃げて来いと口説かれたことを覚えている。僕の父はこういう時には頗る巧言令色を弄した。が、生憎その勧誘は一度も効を奏さなかった。それは僕が養家の父母を、——ことに伯母を愛していたからだった。

（芥川龍之介『河童・戯作三昧』角川文庫、二〇〇八年、一五〇頁）

図29　芥川龍之介（1892-1927）

二人目は詩人で翻訳家の堀口大學。以下は、随筆集『季節と詩心』（一九三五）の一編「バナナ」から。

今でこそ、夜見世の埃にさらされて、口上の文句面白い叩き売りの対象にまで下落してしまっているが、昔と云ってもつい先頃、僕等が少年のころには、バナナは実に貴族の食であった。

その頃、東京市中の果物屋で、バナナを置いていた店は、おそらくまだ一二軒にしか過ぎなかったろうと思われる。或いはまだまるで無かったかも知れない。

その頃、雪の深い北国で暮していた私は、十三歳の春、父が久々で帰朝して、芝の三田に暫く住んでいたので、学校の春の休暇を利用して父の許に遊びに来ていた。そこで私は初めてバナナを食べたのであった。ある晩、食後味に、この黄金色の皮に包まれた美しい果物が出た。僕はそれを食べて、これは美味なお菓子だと思った。別にだれも説明してくれた訳ではないが、一喫して、僕はてっきり、これは菓子だと思い込んでしまったのであった。

（堀口大學『季節と詩心』講談社文芸文庫、二〇〇七年、一二三頁）

二人が少年だった二十世紀初め、バナナはまだまだ新顔の果物だったことが分かる。では、日本でバナナがそれほど珍しくなくなったのはいつごろだろうか。

バナナが夏の季語になるまで

ここで、俳句の世界をのぞいてみよう。現在、「バナナ」といえば夏の季語。しかし、新顔の果物バナナが最初の輸入後いきなり夏の季語になったとは考えにくい。バナナが日本の食文化として定着した時期とバナナが俳句の季語として定着した時期は、重なり合うのではないだろうか。

近代における俳句の革新者・正岡子規は一八九九年（明治三十二）、

　初冬の黒き皮剝くバナナ、かな

と詠んでいる。これは「初冬」を季語とした冬の句で、バナナは句材にすぎない。しかし、子規はそれから三年後の一九〇二年（明治三十五）には、

　相別れてバナナ、熟する事三度

と詠んでおり、こちらはバナナを季語とした夏の句である。

「初冬」の句は、当時発表されなかった。この時点でバナナはまだそれほど食文化として定着しておらず、季語となるのに必要な季感に乏しかったものと思われる。一方、「相別れて」の句は、子規が記者を務めていた新聞『日本』（八月四日付）に「台湾の香墨に寄す」の詞書をつけて発表された。「香墨」とは、子規門下の俳人・渡辺香墨。香墨が一九〇〇年に台湾へ渡ってから三度目の夏で、台湾といえばバナナだが、別れてからそのバナナが三度熟したことになる、といってバナナに寄せて彼を思っているのである。この句にはバナナに対して明確に夏らしい季感が与えられており、バナナが日本の食文化にある程度定着し、存在感を増したことを反映している。生活の変化にしたがって新たに季語を作り出す子規の俳人としての柔軟さや革新性もうかがえる。

晩年の数年間、子規は病床から離れることができなかったが、最後まで筆を擱《お》くことはなかった。わずかな楽しみの一つは食事だった。果物好きだった子規は、一九〇一年発表のエッセイ「くだもの」で、「しかしながら自分にはほとんど嫌いじゃという菓物はない。バナナも旨い。パインアップルも旨い。桑の実も旨い。槙《まき》の実も旨い。くうたことのないのは杉の実と万年青《おもと》の実くらいである」と書いている。(3) 翌一九〇二年七月三十一日にはバナナの絵を描いている。そして八月四日、バナナを夏の季語とした句を新聞に発表。死はその翌月に訪れた。

本書第一章でも引用したユーモア作家、佐々木邦の随筆集『豊分居閑談』（一九四七）の一編「果物」は、バナナが広まり始めたころの人々の様子を伝えている。


それから明治四十二年のころ、私は朝鮮から帰る途中、下関の駅でバナナ、を土産に買ったことがある。これも青かったが、大きかった。台湾が領土に入って、この果物が来始めたのだった。客車の中へ持ち込んだら、乗客一人が目を見張って、

「この大きな豆は何というのですか？」

と聞いた。家へ帰ったら、それに似た話を耳にした。先頃頼んだ看護婦が故郷へ物を送る序にバナナ、を一房入れてやったところ、何うして食べるものか分らないから手紙で問合せて来たというのだった。思うにそのころからバナナ、が普及し始めたのだろう。

（佐々木邦『佐々木邦全集』第十巻、講談社、一九七五年、三一八頁）


台湾産バナナの輸入の本格化は一九〇八年（明治四十一）ごろからといわれている。バナナの叩き売りが始まったのもそのころだ。バナナが日本の食文化として定着したのは明治末期以降といえる。同じころ、これに応じるように、俳句の世界でもバナナを詠んだ作品が増え始める。たとえば、一九一〇年刊の『明治新題句集』には「芭蕉の実」「バナナ、」を季語とした作品が五句掲載され、また一九一二年七月二十日付『国民新聞』

の俳句欄には「バナナ」「芭蕉の実」「実芭蕉」を季語とした作品が十八句掲載された。

俳人の尾崎迷堂が一九二〇年に、

俳 諧 に 早 や 詠 み な れ し バ ナ ナ 、 哉

と詠んだころには、バナナは夏の季語としても食文化としてもすっかり定着していたものと思われる。(4)

バナナは同じころ、ほかの文学ジャンルにおいても定着をみている。たとえば短歌では、歌人でもあった子規が一八九八年、

足たゝば新高山の山もとにいほり結びてバナナ、植ゑましを

と詠んでいる。新高山（現・玉山）とは台湾の山名で、戦前の日本の台湾領有期には、富士山より高い「日本一の山」として知られていた。同歌は子規が動けない病床の中で空想をめぐらせた連作の一つである。また、同じく歌人の若山牧水は第一歌集『海の声』（一九〇八）で、

桃柑子《かうじ》芭蕉の実売る磯町の露店《よみせ》の油煙《ゆえん》青海にゆく（下の関にて）

と詠み、画家の竹久夢二も『夢二画集　花の巻』（一九一〇）で、

初夏《はつなつ》の風は海より麻の葉の浴衣《ゆかた》の袖とバナナ、を吹きぬ

と詠んでいる。なお、夢二は前年の第一画集『夢二画集　春の巻』ではバナナの俳句を詠んでいる。

南洋へバナナ、を食ひにゆきたいとおもふ

小説においても、徳冨蘆花『不如帰』（一八九八―九九）、与謝野晶子「浦物語」（一九〇二）、夏目漱石『夢十夜』（一九〇八）など、二十世紀初頭までに発表された複数の作品にバナナの名前がみえる。さらに、宮沢賢治のオペレッタ『飢餓陣営』（初演＝一九二二）には、お菓子でできた勲章をぶら下げ両肩にバナナの肩章をつけた「バナナン大将」という人物が登場する。

バナナの皮の日本文学

バナナ本体に続いてバナナの皮が文壇入りするのは時間の問題だった。明治時代末期の一九一〇年（明治四十三）には、旧制第三高等学校（現在の京都大学総合人間学部）の校友会雑誌『嶽水会雑誌』第四七号にバナナの皮を詠み込んだ短歌が掲載されている。作者は服部蒼外といい、同校の学生と思われる。

水楼の欄よりなげし舞姫のバナ、の皮に秋は暮れ行く

一九一四年（大正三）には、歌人の島木赤彦が八丈島を訪れ、バナナに関する短歌をいくつか詠んでいる。次の作品はその一つ。(5)

バナナの皮剝《む》きて投げたりさし出《で》の磯岩黒きゆゑ波は青きか

一九一六年には、同じく歌人の岩谷《いわや》莫哀《ばくあい》が次の短歌を発表している。(6)

海峡を渡りて門司の停車場にバナナの皮をむきすてにけり（門司駅にて）

門司駅とは現在の門司港駅。北九州市門司区の門司港といえば、台湾産バナナの荷揚げを行なっていた港町である。関門海峡を挟んで向かい合う下関とともに、バナナに縁の深い地である。

また、江戸川乱歩の探偵小説「一寸法師」では、冒頭の浅草公園の場面でバナナの皮が登場する。次に挙げるのは、一九二六年十二月八日付「朝日新聞」に掲載された第一話の一節。

紋三は共同便所のところから右に切れて広っ場の方へ入って行った。そこの隅々に置かれた共同ベンチには、いつものように浮浪人らが寝支度《ねじたく》をしていた。ベンチの側《そば》にはどれもこれもおびただしいバナナの皮が踏み躙《にじ》られていた。浮浪人達の夕食なのだ。

（『江戸川乱歩全集』第二巻、光文社文庫、二〇〇四年、四九九頁）

文中の「バナナの皮」の部分について、引用した光文社文庫版巻末の「註釈」で平山雄一は、「露店のバナナ売りの売れ残りの成れの果てである。バナナは傷《いた》むのが早いので、こうして処分されていた」（七三九頁）と解説している。高級フルーツだったバナナのもう一つの姿である。ここで注目すべきは、ギャグでもなんでもなく大量のバナナの皮が「踏み躙られて」いる描写である。
当時、バナナの皮ギャグが知られていなかったわけではない。バナナの皮ギャグはアメリカの喜劇映画などを通じてすでに広く知られており、文壇入りも果たしている。たとえば、夢野久作が一九二三年に発表した童話「蜜柑とバナナ」では、泥棒がバナナの皮ですべって御用となる。また、『風立ちぬ』で知られる堀辰雄が一九二六年に発表した短篇「土曜日」には次の一節がある。

「チヨツ！」友達は大げさな舌打ちをした。そして、その口の先をビールで泡《あぶく》だらけにしながら
「ぢや僕の話をしよう」と喋舌りだした。「四五日前だよ。僕は夕方の中をぶらついてゐた。もう目を落さないと足元が見えないつて時間だつた。実はね一人の娘をつけてたんだ、洋服をきた生意気そうな奴さ、おまけに時々ふり返つて、にツこりしやあがる。あんまり癪だつたから僕はつけててやつたんだ。そこんところの気持は君なら解るだらう。……
ところがさ、いま足元がよく見えない夕方だと云つたな、そいつなんだ。僕は靴の底で何かふんづけたと思つたら、つるりとすべつたぢやないか、僕は往来のまん中でまんまとひつくりかへつたのさ。——ころがつたまんま、靴の底をいぢくつて

みると、馬鹿にしてやがる、バナナの皮がしついてるんだ。糞ツ！　とどなつて起き上らうとすると、鵞鳥、鵞鳥、女はふりかへつて、くすくすと笑やがつた。そうしてその笑ふために開いた口へぽんとバナナを入れたぢやないか」
友達はハンカチイフを出して泡《あぶく》だらけになつた口を拭いた。
その間、私はいかにも不機嫌そうにしてゐた。ろくろく聞いてもゐなかつたやうに退屈な調子で
「ふうむ、ずいぶん下手なお話だね」
そう私が云ふと、友達も元気なく笑つて
「さうぢあない、西洋の修身の本にさう書いてあつたつてことさ」と面倒くさそうに云《ママ》びながら、私の前のまだ一口もあてゝないビールのコップを指さした。
（堀多恵子・池内輝雄選『堀辰雄初期作品集』軽井沢町教育委員会、二〇〇四年、五〇―五一頁）

戦前の日本において路上にバナナの皮が落ちている実景は、少なくとも東京では特別に珍しいものではなかったようだ。たとえば、永井荷風は一九三六年（昭和十一）七月三日付の日記に、[7]「バナナ、の皮と紙屑ちらばりたるは東京中いづこの公園にも見るところなり」と記している。また、『放浪記』の作家・林芙美子（次頁図30）は「一人の生

図30　林芙美子（1903-51）

涯」（一九三九）で、上京した一九二二年を振り返って次のように書いている。

古風な建物は、私の空想のエルサレムの建物にそつくりでした。浅草公園へ行くと、こゝでもオペラと云ふものがあり、木戸には大変な人だかりがしてゐました。オペラへ這入れば、二十銭で三館共通にみられるのだと、通りすがりのひとが私に説明してくれます。

黄粉で染めたやうなアイスクリームを売つてゐる露店だの、古着屋、パナマ帽子の洗濯屋、氷の上でラムネを転がしてゐる店、私には、この露店の一つ一つが珍しいものでした。どの人間も上ずつたやうな、興奮した表情で四囲をみて歩いてゐます。池のそばには踏みつけられた卵子《ママ》の殻や、バナナの皮が散らかつてゐるし、着物の体をなしてゐないぼろぼろの印半纏《しるしはんてん》を着た男だの、クレップの汚れた襯衣《シャツ》一枚の男達が、藤棚の下のベンチに凭れて、暑さにあへいだやうに眠つてゐます。

私は、上野の静かな景色から、この浅草の玩具箱をひつくりかへしたやうな町の有様に、全く呆れ驚いてゐました。

（『林芙美子全集』第四巻、文泉堂出版、一九七七年、一六五頁）

新感覚派時代の今東光の小説「痩せた花嫁」（一九二五）では、特にギャグというわけではなく、さりげない調子で人力車がバナナの皮ですべる。当時、実際に起きていた事故だったのかもしれない。

人力車はバナナの皮にすべり、子供は父母の真似をして遊んでゐる。犬は真夏の夜の夢に遺精し、漆喰のこはれに《ママ》溝から蚯蚓《みゝず》が啜り泣いてゐた。
鳥打帽子を日深にかぶつた不良少年はハーモニカで「カルメン」のハバネラを快よく奏した。まだ月経の初潮をも見ない小娘は、赤い人造絹の手巾《ハンカチ》を手にまさぐりながら、牛肉屋の肉切りと巫山戯《ふざけ》てゐる。明るく、晴れぐとした、暑い、汗のにじみ出る、すべてが倦んじた夏の夜更けだつた。

（『編年体　大正文学全集』第十四巻、ゆまに書房、二〇〇三年、五二一―五二三頁）

このほか、小川未明の童話「河水の話」（一九二四）には、川を流れるバナナの皮が主要人物の一人として登場し、プロレタリア作家だった平林たい子の小説「森の中」（一九二九）には「青く剝がれたバナナ、の皮が、交番を中心にして四方へ伸びた道に、間隔を置いて落ちてゐた」という一節があり、また永井荷風の小説「ひかげの花」（一九三四）には、「日本服をきた女が物を頰張りながら、褐色《かばいろ》の白粉をつけた大きな顔をぬつと出して、手にしたバナ、の皮をお千代の足元へ投げつけた」(8)という一節があるが、いずれも喜劇的効果をねらったものではない。

戦後に書かれた高見順のライフワークともいえる、長篇小説『激流』も同様である（初出＝一九五九）。

門の前に、バナナの皮が散らばつてゐた。前の晩、通行人が夜店のタタキ売りのバナナを道々食べて、ここへ捨てて行つたのだらう。皮は黒く変色してゐた。父が日本橋の家に住むやうになつてからは、家の前を毎朝、掃き清める習慣が、いつの間にか失はれてゐた。

（『高見順全集』第七巻、勁草書房、一九七〇年、九一—九二頁）

バナナの皮ギャグが早くから知られていたにもかかわらず、バナナの皮そのものは長い間それほど非現実的でギャグ色の強いものではなく、フィクションの作品においてもあくまで現実的なものとして描かれ続けてきたふしがある。今日のようにバナナの皮そのものの喜劇性が際立つまでにはしばらく時間がかかったようだ。

それでは以下、戦前から現代に至るまで書かれたさまざまな文学作品の中から、バナナの皮ギャグあるいはバナナの皮に関わりのある作品をいくつか挙げてみよう。

小説とバナナの皮

大衆小説家・角田喜久雄の作品「発狂」（一九二六）では、陰惨な復讐劇ののちにバナナの皮を使った「第二の復讐」が行なわれる。

その時、ちょうどその時であった。最敬礼の頭をおもむろに上げんとした稲葉の手から、故意か偶然かバナナの皮が飛んでいって歩き出そうとした老紳士の足下へ落ちた。
（角田喜久雄『下水道』春陽文庫、一九九六年、一〇三頁）

江戸川乱歩のライバルと目されたことがある山下利三郎の小説「朱色の祭壇」（一九二九）では、たとえ話にバナナの皮が使われる。

思いがけぬとき、予期しない災厄に遭うことを奇禍と呼ぶならば、この世の中は常に奇禍で充満している。銀座街頭に落ちているバナナの皮に踏み辷《すべ》って、せっかく愛されている情人からその醜態に愛想をつかされたとすれば、バナナの皮こそ憎んでも余りある奇禍の塊である。また試験場に向かう途中、暗誦中の文句を路傍の石塊にバスが乗り上げた衝動《ショック》で忘れたとき折り悪しくその問題が提出されたとすれば、路傍の石塊こそ呪いきれぬ奇禍と言わねばならぬ。更にまた、眼瞼《まぶた》を傷つける蚊帳《かや》の釣手、インキ壺を覆した蝿叩き、等々……数えきたれば事々物々奇禍の種ならぬはない。

（『山下利三郎探偵小説選Ⅰ』論創社、二〇〇七年、三五六―三五七頁）

日本SF小説の祖・海野十三の小説「国際殺人団の崩壊」（一九三二）には、「バナナの皮はすべるもの」という既成概念が当時すでに確立していたことが明記されている。

バナナの皮を踏んだものは、大抵ツルリと滑べることになっているが、この紳士もその例に洩れずツルリと滑ったのであるが、尻餅をつく醜態も演ぜずに、まるでスケートをするかのように、鮮かに太った身体を前方に滑らせて、バナナの皮に一と目も呉《く》れないばかりか、バナナの皮を踏んだことにも気がつかないようにみえた。

（『海野十三全集』第一巻、三一書房、一九九〇年、一七〇頁）

転向小説『生活の探求』（一九三七）が戦前のベストセラーとなったプロレタリア作家・島木健作には、その名も「バナナの皮」（一九三五）という小説がある。列車で護送中の若い囚人をバナナの皮で転倒させ笑いものにした「田舎紳士」に対する怒りを描いたもので、作品自体には喜劇的要素はない。バナナの皮で人をすべらせるいたずらが、当時からあったらしいことがうかがえる。

笑声はなほもしばらくつづいてゐた。しほれたわかものが、席へもどつて来てのちも、くつくつと含み笑ふ、若い女などの、世にこれほどに冷酷なものも少いであらう笑ひがきこえてゐた。が——間もなく、それらのこゑはぴたりとやんでしまつた。かつてない静けさに車内はしーんとひそまりかへつた。

若いかの囚人の口をもれて、すすり泣きのこゑがきこえてきたのである。喰ひしばつた歯のすきまから、それはもれて来た。はじめはおさへにおさへた低い音だつたが、つひにそれはおさへがたくどつとあふれた。

(『新装版　島木健作全集』第二巻、国書刊行会、二〇〇三年、一一四頁)

「山月記」で名高い中島敦の短篇「虎狩」にも、バナナの皮の登場する場面がある。一九三四年(昭和九)、選外佳作として題名のみ雑誌に掲載され、八年後の一九四二年に単行本に収録された作品である。以下は、ソウル在住の日本人少年が虎狩りについていってバナナをもらう場面。

趙はその時、持つて来た鞄の中からバナナを一房取出して私にも分けてくれた。その冷たいバナナを喰べながら、私は妙な事を考へついた。今から思ふと、実に笑ひ話だけれど、其の時私はまじめになつて、此のバナナの皮を下へ撒いておいて、虎を滑らしてやらうと考へたのだ。勿論私とても、屹度《きつと》虎がバナナの皮で滑つて、そのためにたやすく撃たれるに違ひないと確信したわけではなかつたが、しかし、そんな事も全然あり得ないことではなからう位の期待を持つた。そして喰べただけのバナナの皮は、なるたけ遠く、虎が通るに違ひないと思はれた方へ投棄てた。さすがに笑はれると思つたので、此の考へは趙にも黙つてはゐたが。

（『中島敦全集』第一巻、筑摩書房、二〇〇一年、九五頁）

劇作家・三好十郎の随筆「バナナの皮」（一九五〇）は、落ちていたバナナの皮の話に始まり、朝鮮戦争勃発の原因の不明瞭さなどにふれ、判断の困難な事柄に対する対処法の話に発展する。

ある日、新宿の舗道に一つのバナナの皮が落ちていた。私はこれをふむとすべるなあと思いながら帰ってきたが、つぎの日に同じところを通りかかって昨日のことを思いだし、ひょいとみるとすでにバナナの皮はなかった。
　さてそこで昨日ここにバナナの皮が落ちていたという事実を証明する必要が起きた場合にそれができるかと考えてみると、ほとんど絶体《ママ》に不可能であることに気づいた。しかも、バナナの皮が昨日そこにあったという事実は厳然たる事実である。自分は狂人ではないからそのことは疑えない。

（『三好十郎著作集』第四十四巻、三好十郎著作刊行会、一九六四年、四四頁）

　武田繁太郎は一九五〇年代前半、四回連続で芥川賞候補となった作家。その後の一九五五年（昭和三十）に発表した短篇「東京狂詩曲」は、冴えない善良なサラリーマンがバナナの皮ですべって頭を強打したのがきっかけで……という悲喜劇。短篇とはいえ、当時はまだ小説の中で実際にバナナの皮ですべる場面が成立しえた時代だったといえる。
　一九五九年に小説『バナナ』[9]を新聞連載した獅子文六は、連載終了後に「バナナの皮」と題した随筆を書いている。

　とにかく、バナナには、滑稽なところが沢山あるので、私はバナナを笑う小説を書こうとしたのが、バナナの皮に滑べって、転んだような結果になった。

（『その辺まで』朝日新聞社、一九六一年、一六五頁）

やがて、ギャグ漫画の興隆などによってバナナの皮のギャグ色が強まり、バナナの皮ギャグの「お約束」化が進むにつれ、バナナの皮ギャグを真面目な内容の純文学で扱うのは難しくなっていったものと思われる。近年、文学におけるバナナの皮ギャグは主としてライトノベルなど娯楽作の中で使われることが多いようだ。以下、三作品を引用しておく。

バナナは、今、おもちゃの原料としてゴムと並ぶ重要な工業製品である。去年話題になった〝わざとらまん〟——わざとらしくスベル、ウルトラマンのおもちゃ——は、バナナの皮を足の底に使用している。

（野田秀樹『ミーハー』講談社、一九八四年、七四頁）

自分がバナナの皮を捨てたのは二十五階であり、皮ですべって転んだのが二十八階であることにようやく気付いたBが、ピテカントロプスエレクトゥスの眠りを醒まさんばかりの恐怖のオタケビをあげてへたりこんだのは三十一階だった。

（荻野アンナ『ブリューゲル、飛んだ』新潮社、一九九一年、八六頁）

「十七年生きてきて、バナナの皮で転んだやつをはじめて見たんだ。むしろ驚いたね」

わざとらしく肩をすくめたりする。

「なによう」

「新人芸人のコントだっていまどきバナナはねえだろ」

（桜坂洋『よくわかる現代魔法』集英社スーパーダッシュ文庫、二〇〇三年、三七頁）

戯曲とバナナの皮

戯曲においてバナナの皮ですべる場面が書かれている――つまりそれは生身の人間である役者がバナナの皮ギャグを舞台上で実演し、観客がリアルタイムでそれを鑑賞することを想定して執筆されたものだ。これが実際に舞台で演じられたとき、さまざまなメディアの中でも、最も生々しいバナナの皮ギャグになるといえるだろう。

「バンナナと殿様」（一九五〇）は、筒井敬介の学校劇。南の島からの献上品「バンナナ」の皮を大量に敷きつめて百姓の入城を防ごうとバナナを食べまくる家来たちや、本当はバナナを食べたいのに意地を張って食べようとしない殿様などが登場する。[10]

「バンナナと殿様」に戻ろう。バナナの皮ですべって転ぶとは、何という下らないギャグであろうかと、ぼくは今でも恥じる。これはすでに大正時代、あるいは明治期に台湾を植民地化した頃の日本が、珍菓バナナを輸入した時に始まるのではないか。と思ったりして、その古さに冷汗をかくのだ。〔……〕ところで今、ひょいと世相年表のようなものを見たら、この脚本を書いた前年「昭和二十四年五月・台湾バナナ戦後はじめて輸入」とある。この影響はあったに違いない。

（『筒井敬介児童劇集』第二巻、東京書籍、一九八二年、二一四頁）

「トッコはどこに」（初演＝一九五五）は、飯沢匡の戯曲。人気女性漫画家（十九歳）が突然家出してしまい、彼女の漫画の先生（五十八歳）が代筆に挑むが……。バナナの皮ギャグを古いものだとする言及が当時からあったことが分かる。

橋本　まあわしもここまではいいと思うんですがな。（と漫画のコマの途中を指す）
かつ子　ええ、とても結構ですわ。
橋本　しかし、バナナの皮で転ぶなんてのは古いですよ、老人の考えだ。十代の人はもっと気の利いたことを考えます。（急に老人らしく咳込む）

（『飯沢匡喜劇全集』第一巻、未來社、一九九二年、四八七頁）

「カラフルメリィでオハヨ――いつもの軽い致命傷の朝」（初演＝一九八八）は、ケラリーノ・サンドロヴィッチの戯曲。医者の「バカ、今時バナナの皮なんかでころぶ奴がいるか」というセリフの後で、「院内でも一番の皮投げ名人」の看護師が、すべらせて捕まえようとしていた患者だけでなくほかの看護師たちや医者をも次々とすべらせる(11)（『カラフルメリィでオハヨ』白水社、二〇〇六年）。

「悪霊――下女の恋」（初演＝一九九七）は、松尾スズキの戯曲。異母兄弟の漫才コンビとその家族をめぐる悪夢的な物語。冒頭、バナナの皮ギャグについて語り合う場面があり、オチにもバナナの皮が使われる（『マシーン日記　悪霊』白水社、二〇〇一年）。

絵本とバナナの皮

食べやすくておいしいバナナは、小さい子どもにも人気の高い果物である。バナナは絵本にもたびたび登場し、その中にはバナナの皮ギャグが描かれたものも多数ある。映画や漫画に接する前のごく幼いころ、「バナナの皮はすべる」という概念を刷り込まれた人は決して少なくないであろうことがうかがえる。

『バナナのかわですべったら』（作：森比左志、絵：西川おさむ、金の星社、一九七六年）は、バナナの皮ですべった猿が、皮をこのままにしておくとどうなるだろうと考える物語。

『アンパンマンとバナナマン』（作・絵：やなせたかし、フレーベル館、一九九〇年）は「アンパンマン」シリーズの一作で、舞台はバナナマンたちが暮らすバナナ島。バイキンマンとドキンちゃんの乗ったいもむしロボットを、バナナマンたちは自らの皮を脱いですべらせて撃退する。これはバナナ自身がバナナの皮で相手をすべらせる稀少な例である。(12)

このエピソードを比較的忠実に再現したアニメ版は、スペシャル番組『それいけ！アンパンマン／みなみの海をすくえ！』（一九九〇）の前半部分。また、テレビシリーズの一話「アンパンマンとバナナマン」（一九九四）はバナナ島が舞台ではあるが内容が異なり、バナナの皮でバイキンマンたちがすべる描写はない。

『はだかんぼばなな』（作・絵：じゃんぼかめ、国土社、一九九〇年）は、バナナの一家の物語。一家が脱ぎ散らかした皮のせいで、訪ねてきたおじいさんバナナとおばあさんバナナがすべって転んでしまう。これはバナナ自身がバナナの皮ですべる稀少な例である。

『バナナのくにのバナナンひめ』（作・画：加藤晃、教育画劇、一九九一年）は紙芝居。バナナが大好きなケンちゃんがバナナの国に行き、バナナを略奪しに来た海賊たちをバナナでやっつける。とどめはバナナの皮すべり。

『バナナをかぶって』（文：中川ひろたか、絵：あべ弘士、クレヨンハウス、一九九六年）

は、NHKの番組「歌の絵本」の曲が本当に絵本になったもの。一九九八年に改装版が出ている。「かわは　そのまま／ポイしちゃう／ゴリラはすべってくれるかしら／アメリカまんが　みたいにね」の場面に、バナナの皮ですべって月まですっ飛んでUターンするゴリラが描かれている。なお、中川は二〇〇七年の作品『しーらんぺったん』（絵：藤本ともひこ、世界文化社）でもゴリラをバナナの皮ですべらせている。

しかけ絵本『バナナン　ナン』（作：市川宣子、絵：和歌山静子、チャイルド本社、二〇〇一年。二〇〇六年、ひさかたチャイルド社より再刊）では、猿の投げ捨てたバナナの皮でゴリラがすべって転ぶ。次の引用は一七頁より。

あいたた、バナナの　かわって　すべるのねえ。

『アンパンマンとバイキンゆうれいせん』（原作：やなせたかし、作画：トムス・エンタテインメント、フレーベル館、二〇〇六年）では再びバナナマンが登場するが、過去の作品とは内容が異なる。こちらのバナナマンはただのバナナの皮を投げつけてバイキンマンをすべらせる。

短詩形とバナナの皮

正岡子規によって短詩形文学の世界に引き入れられたバナナ。現在、バナナの皮というと一般的には「すべって転ぶ」というイメージが固定しているが、音数の限られた俳句や短歌の世界においてはかえって自由な発想のもと、さまざまな姿に詠まれてきた。そうした俳句、短歌のいくつかをここでは紹介しておこう。

1 俳句

バナナ、剝く夏の月夜に皮すてぬ　　芥川龍之介

一九一八年（大正七）、句会での作。季語は「夏の月」。村山古郷編『新装版 芥川龍之介全句集』（永田書房、一九九一年）などに収録されている。なお、初出誌『ホトトギス』一九一八年九月号では、「バナナ、剝く剝く夏の月夜に皮すてぬ」。誤植だろうか。

川を見るバナナの皮は手より落ち　　高浜虚子

一九三四年（昭和九）十一月四日、吟行「武蔵野探勝会」第五十二回での作。一行はこの日、船に乗って隅田川を周遊した。初出誌『ホトトギス』一九三五年一月号では、「川を見るバナ、の皮は手より落つ」。一九三七年、自選集『五百句』に収録。歳時記や季語辞典の「バナナ」の項に例句として多く採用されており、バナナの句としてもバナナの皮の句としても最も有名な作品の一つといえる。

虚子は同句を詠んだ二カ月前の九月二日にも、同じく「武蔵野探勝会」第五十回でバナナの皮を詠み込んだ句を作っているが、『五百句』[13]には収録されていない。以下は、当日の模様を記した富安風生「われらの浅草」より。

この橋を渡つた向ふの築山こそは、浅草名物おカンの本場。紙屑と、キヤラメルの皮と、煙草の吸殻と、梨の皮と、そして多分、

ふんでゆくバナ、の皮に秋の蝿　虚子

埃まびれの八ツ手の根土が、流れ出た小便でしめり、つつじ株の蔭に向ふむきに踼《かが》んで、女中を呼び出した若い者が金策をもちかけてをり、池の水の落口では子供がズロースまで濡れびたしになつて絵の具の様な青い水をかき廻してゐる。それを

紳士や兵隊さんや店員や子守が立つて見てゐる。——一つ〳〵浅草風景ならぬはない。（高浜虚子編『武蔵野探勝』有峰書店新社、二〇〇〇年重版、二八〇頁）

なお、虚子には「道々に蜜柑の皮をこぼし行く」という句もある。一九三六年（昭和十一）の作。また、師の子規にも「道々に瓜の皮ちるあつさ哉」という句がある。これはさかのぼって一八九三年（明治二十六）の作。

美しくバナナの皮をたたみけり　高浜朋子

虚子の孫で俳人の高浜朋子にもバナナの皮の句がある。初出は『ホトトギス』一九九五年十二月号。引用は稲畑汀子『ホトトギス新歳時記』改訂版（三省堂、一九九六年）より。

仲良しのバナナの皮を重ね置く　草深昌子

『邂逅』（ふらんす堂、二〇〇三年）に収録。仲良しの二人がいっしょにバナナを食べ、食べ終わったあとのバナナの皮までが仲良く重なり合っているというほほえましい情景を詠んだものである。

バナナの日バナナの皮といふ戦前　中村安伸

HP「記念日俳句」[14]が初出。「二〇〇五年の三百六十五日間、それぞれの日の記念日名を一つ詠み込む俳句作品」をネット上から、または郵送にて募集し、選評したもの。日本記念日協会・里俳句会共催の企画である。この句は「バナナの日」（八月七日）応募句の中から天位（第一位）に選ばれている。『里』二〇〇五年十月号に再録。「バナナの皮で滑って転んでという昔のギャグをそのままなぞったわけじゃないところがうまい」とは、HPに掲載された櫂未知子の選評である。

2　短歌

わがすてしバナナのかはをながしゆくしほのうねりをしばしながむる　会津八一

一九二一年（大正十）から翌二二年にかけての旅における連作の一つで、「尾道にて」の詞書がある二首のうちの一首。八一の乗った船が尾道に寄港したのは二一年十一月十九日、その日投函した葉書に「わがすてしバナナの皮を流しゆくうしほのいろをしばしながめつ」と記している。『南京新唱』（一九二四）、『鹿鳴集』（一九四〇）、『和歌文学大系』第三十巻（明治書院、二〇〇五年）ほかに収録されている。

白孔雀しづかにねむる砂の上バナナの皮の乾きたる午後　吉岡実

この歌の初収は一九四〇年に刊行された私家版の『昏睡季節』。のち『吉岡実全詩集』（筑摩書房、一九九六年）などに収録されている。

母国なきは爽かならむ　炎天に濡れしバナナの皮の黒き斑《ふ》　塚本邦雄

この歌は、『日本人霊歌』（四季書房、一九五八年）、『塚本邦雄全集』第一巻（ゆまに書房、一九九八年）などに収録されている。吉岡が乾いたバナナの皮で時の止まったようなひとときを描いたのに対し、塚本は濡れたバナナの皮で日本への倦んだ思いを描いた。なお、同歌集の巻頭歌は有名な代表作「日本脱出したし皇帝ペンギンも皇帝ペンギン飼育係りも」である。

大いなるバナナの皮が沈みもせず悠々と上水を流れてゆくも　稲田定雄

この歌の初出は『創作』一九六八年六月号。のち『危ふき均衡』（短歌新聞社、一九七五年）に収録された。

さて、このように見てくると、バナナという果実が、近代以降の日本文学に大きく貢献しているように思えてくるのは、私の欲目というものだろうか。「檸檬」と言えば梶井基次郎だが、「バナナ」と言ってとりたてて誰も思い浮かばないのも、この果実の「大衆性」を映し出しているようだ。

八房め　戦前日本のバナナの皮

「桃太郎」は、桃から生まれた男の子の活躍を描いた昔話。では「バナナ太郎」は、といわれて私たちが思い浮かべるのは、バナナから生まれた男の子の活躍を描いた昔話。もちろん日本古来の昔話にそのようなものはないが、創作したものなら実在する。

新関青花の児童漫画『象さん豆日記』（一九三九）の劇中劇、主人公が鑑賞する紙芝居の題名が「バナナ太郎」。

川から流れてきた大きなバナナから黒人の男の子が生まれ、バナナ太郎と名づけられる。バナナ太郎はワニ・オウム・猿を引き連れ、自分が生まれたバナナの皮を舟にして南の島に渡り、そこの王様の跡継ぎになる。『少年漫画傑作集2』（少年小説大系別巻四、三一書房、一九九三年）に収録。

また、人民中国編集部編『中国の民話101選』第二巻（平凡社、一九七三年）にも、中国少数民族の一つ、チワン族に伝わる民話として、大きなバナナから生まれた男の子が主人公の一話「せむしのじいさんとバナナの木」が収録されている。

大正から昭和初期にかけて、日本ではナンセンスな笑い、笑いのための笑いが定着しつつあった。海外からバナナの皮ギャグが入ってきたとき、日本にはバナナの皮ギャグを自らのものとして受け継いでいくだけの土壌ができつつあったのである。

バナナの味は知らずとも

永井荷風は、戦後まだ物資の乏しい一九四七年、次のように書いている。

わたくしの若い時分、明治三十年頃にはわれ〳〵はまだ林檎もバナ、も桜の実も、口にしたことが稀であつた。むかしから東京の人が口にし馴れた果物は、西瓜、真桑瓜、柿、桃、葡萄、梨、栗、枇杷、蜜柑のたぐひに過ぎなかつた。梨に二十世紀、桃に白桃水蜜桃ができ、葡萄や覆盆子《いちご》に見事な改良種の現れたのは、いづれも大正以後であらう。

大正の時代は今日よりして当時を回顧すれば、日本の生活の最豊富な時であつた。一時の盛大はやがて風雲の気を醸し、遂に今日の衰亡を招ぐに終つた。われ〳〵が再びバナ、やパインアップルを貪り食ふことのできるのはいつの日であらう。この次の時代をつくるわれ〳〵の子孫といへども、果してよく前の世のわれ〳〵のやうに廉価を以て山海の美味に飽くことができるだらうか。

（『荷風全集』第十九巻、岩波書店、一九九四年、三一六―三一七頁）

バナナは夜店などでは安く買えたものの、庶民には長い間高嶺の花で、特に終戦前後には目にする機会すらほとんどなかった。今日のようにバナナが一年中誰でも食べられる果物になったのは、輸入自由化が始まった一九六三年以降である。

ところで、次の二つの文章からは、実物のバナナの味を知らない人でもバナナの皮ギャグを知っていたらしいことがうかがえる。

バナナは、もはや、話でしか聞けぬ高級果物となっていた。

フクちゃんという漫画で、ジャワかどっかへいったとき、バナナの皮で滑って転ぶというようなのがあった(1)ような気がするけれども、面白くもなんともなく、フンと思ったりしたものだった。

乾燥バナナを、シンガポール陥落記念かなんかで、学校で配給を受けたような気もするけれど、それも、スルメを貰って、イカを連想させるようなもので、ただ甘いな、と思っただけで、姉がいう本物の味とは、どういうものか、ついに、戦争中の子どものころはわからずじまいで終わってしまったのだった。

（執筆は佐々木真吾、『わが世代　昭和十一年生まれ』、河出書房新社、一九七九年、三七

頁）

憧れのバナナを初めて食べたのは、小学四年生の時だった。当時、バナナは貴重品だった。たった一本のバナナの周りに家族五人が集まった。皮は簡単にむけた。中から白いムクムクの身が出てきた時、みんなが「おっ」と驚きの声を上げた。まだテレビが普及していなかった時代である。皮のむかれた白い身を見て「これがバナナなんだ」と私たちは目を輝やかせた。次に、口に入れると、ネットリした不思議な味がした。次に、バナナの皮で本当に滑るかどうかの実験をした。一人ずつバナナの皮を踏んだ。兄が「おっとと」と言ってひっくり返った。私の時はもはや滑らなくなっていたが、滑るフリをして「おっとと」と転んだ。それから一カ月間、私たちはバナナの話でもちきりだった。

（斎藤博明「私の原点と経営戦略」第二十七回、『TACNEWS』二〇〇五年七月号、五〇頁）

あるいは北見けんいちの漫画（次頁図31）も同様である。

佐々木真吾は一九三六年（昭和十一）、斎藤博明[2]は一九五一年（昭和二十六）、北見けんいちは一九四〇年（昭和十五）にそれぞれ生まれている。おそらく彼らは娯楽の映画

図31　北見けんいち『おもひで飲食展』小学館，1999，p. 23-24

や漫画を通じ、バナナよりも先にバナナの皮ギャグを知ったのだろう。当時の日本におけるバナナの皮ギャグの浸透ぶりがうかがえる。

では、バナナの皮ギャグは日本でどのように受容され定着していったのだろうか。

戦前日本の漫画

一九一〇年の大逆事件以後、当時の日本漫画界の主流だった政治風刺漫画は衰退し、代わって娯楽としてのナンセンス漫画や児童漫画が進展をみせた。やがて欧米の漫画を翻訳したものが新聞や雑誌で紹介されるようになり、日本の漫画家たちに大きな影響を与えるようになる。

そうした風潮のもとに創刊された雑誌の一つが、一九二〇年（大正九）創刊の『新青年』である。本来は少年たちの「大陸雄飛」願望を体現していた『新青年』は、欧米の推理小説を多数翻訳し、江戸川乱歩を始めとする日本の推理小説家の輩出につながる雑誌として知られるようになるが、同誌には欧米のナンセンス漫画や笑話を多数紹介したという功績もある（もちろんバナナの皮のギャグも！）。

同じような雑誌に、一九二九年（昭和四）創刊の『マンガマン』がある。『マンガマン』は欧米の作品の紹介に加え、近藤日出造や杉浦幸雄ら日本の若手漫画家たちの作品を数多く掲載した。同誌休刊後の一九三二年（昭和七）、彼らは「新漫画派集団」を結成し、日本におけるナンセンス漫画の一大ブームを起こす。清水勲監修『漫画雑誌博物館10 マンガマン』（国書刊行会、一九八七年）は、この『マンガマン』の主要ページを復刻したもの。バナナの皮ギャグは二点確認できる。そのうちの一点が図32。

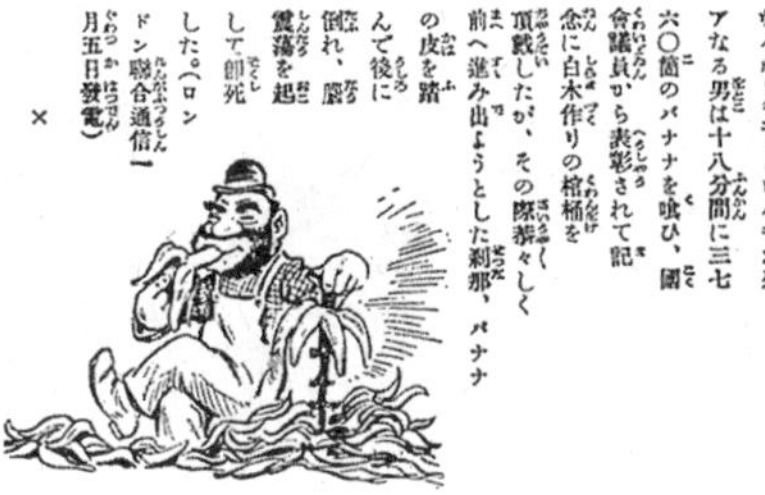

図32 『マンガマン』1930年2月号より。

児童漫画の世界を見てみよう。戦前の児童漫画といえば、『正チヤンの冒険』や『のらくろ』など一部の作品がよく知られているが、中村書店のシリーズなど実際には数多くの作品が描かれ読まれていた。明治から敗戦までの少年小説、児童小説を体系的に編んだ三一書房版『少年小説大系』シリーズのうち、別巻一、三、四には当時の児童漫画が多数収録され、また「資料篇一」は当時の単行本を復刻したものである。その中にバナナの皮ギャグは、次に挙げ

図33 『少年漫画傑作集』1，少年小説大系 別巻3，三一書房，1993，p.120

る二作品が収められている。

大城のぼる『愉快な探険隊』

大城のぼるは、戦前の児童漫画の傑作『汽車旅行』や『火星探険』（原作は旭太郎＝プロレタリア詩人の小熊秀雄）を描いた漫画家で、『愉快な探険隊』はその初期の描き下ろし作品である（図33）。軽気球で南の島らしき島にたどり着いた少年と犬が、途中でチンパンジーをおともに加えて島をめぐるという内容で、一九三三年に刊行されている。同作品について、松本零士・日高敏編著『漫画大博物館』（小学館クリエイティブ、二〇〇四年）所収のテクストでは、「これが恐らくコマ割り、吹き出しで物語を一冊で展開する書き下ろしの最初のストーリー漫画である」と指摘されている。

宍戸左行『スピード太郎』

『スピード太郎』は、一九三〇年から三四年にかけて新聞連載された、名前の通りスピーディーに展開する冒険活劇で、単行本は一九三五年刊。『少年小説大系』の「資料篇一」は、この単行本『スピード太郎』を復刻したものである。大胆なコマ割りが使われていることなどから、映画的手法を取り入れたストーリー漫画の先駆的作品として評価されている。宍戸には絵の勉強のために渡米した経験があり、九年間の在米生活中は頻繁に新聞の漫画を読んだり映画館に通ったりしている。その成果が同作品にも生かされているようだ。図34は一九三一年のもので、舞台は南洋を思わせる無人島である。

図34　『スピード太郎』少年小説大系資料篇1，三一書房，1988，p.17

さて、戦前の児童漫画としてはもう一つ、島田啓三『冒険ダン吉』を忘れてはならない。一九三三年から三九年にかけて少年誌『少年倶楽部』に連載された絵物語で、同誌に連載されていた田河水泡『のらくろ』シリーズと人気を二分した作品である。これも南洋のある島に流れ着いたダン吉少年が、島の王様

図35　『少年倶楽部』1936年5月号，p. 298

になって文明を開いたり冒険に出かけたりするという内容で、南の島を舞台にしているだけにバナナが何度か登場する。そしてバナナの皮ギャグも、しっかり描かれている（図35）。

戦前・戦時下の日本映画

宍戸左行のように、表現技法やストーリー展開などの要素を映画から学んで積極的に漫画に取り入れた漫画家は、当時から少なくなかった。戦後の手塚治虫を挙げるまでもなく、戦前日本における漫画の進展には映画からの影響も強い。バナナの皮ギャグについて考える上でも、映画との関係を忘れるわけにはいかない。

大正時代といえばアメリカでは無声喜劇映画の全盛期、日本でもチャップリンらの映画が人気を博していた時期に当たる。したがって、彼らがバナナの皮ですべる場面を映画館で多くの観客が目撃していたことになる。このうち、本書の冒頭で挙げたチャップリンの『アルコール先生海水浴の巻』が日本で初めて公開されたのは、アメリカと同じ一九一五年（大正四）。つまり、バナナの皮ギャグは少なくとも大正初期には日本に入っていたことになる。

世界中がそうだったように、日本でもチャップリンそっくりの扮装をした男が喜劇映画の中に何人も登場した。中には、チャップリンの扮装で弁舌をふるう活動弁士までいた。

大正五年頃から、アメリカのマック・セネットのプロデュースする喜劇映画が数多く輸入され、それらの中から早くも人気者が日本のファンになじまれ、チャップリンの主演映画が歓迎された。〔……〕

とくに私は、葵館時代からチャップリンものを得意とし、またお客にも人いにウケ「チャップリン弁士」というニックネームまで頂だいするようになっていた。

映画が始まる前に「前説」を一くさりやるのが当時の習慣だったが、私はツケヒゲ、山高帽、竹のステッキ、ドタグツといったチャップリンそのままの扮装で舞台に現われ、チャップリンの演技をまねて大評判をとった。たとえばバナナの皮をむいて捨てる、その皮にスベってコロぶ。はじめのうちはこのコツが分らず、頭をガンと打ってフラフラし、しばらく起き上れなかったこともある。

（大蔵貢『わが芸と金と恋』大空社、一九九八年、八六―八七頁。東京書房、一九五九年

の復刻）

また、作家の牧逸馬(3)は一九二九年、「チャアリイは何処にいる」でアメリカの警官について次のように描写している。これはマック・セネットの喜劇映画の名物「キーストン・コップス」を始めとする当時の喜劇映画における間抜けな警官像から得たイメージと思われる。

いったいアメリカの巡査というと、いつもチャーリー・チャップリンにお尻を蹴られたり、怒って追っ駈けようとする拍子にバナナの皮を踏んで引っくり返ったりなんか、つまり、あんまりぱっとしない役目の喜劇的存在とばかり、どういうものか概念されている傾向があるが、ああ見えても、生まれつき神経の太いアイルランド人が多いせいか、いざとなるとなかなか眼覚《めざま》しい活躍をやるのである。

（『牧逸馬傑作選』第一巻、山手書房新社、一九九三年、四八―四九頁）

これらのエピソードからは、戦前日本におけるアメリカ喜劇映画とバナナの皮ギャグの結びつきの強さが感じられる。当時は、アメリカの喜劇映画を手本とした作品が多数製作されていたのだが、その一つ『笑へ若者』（一九二三）には女性がバナナの皮を投げる場面があったというから、バナナの皮ですべる場面のある邦画もいくつかあったかもしれない。しかし、その確認は難しい。残念ながら、戦前の日本映画はその約九割が永遠に失われているのである。

こんな場面は、却《かえ》つて映画全体の気品を落すものであつて、キーストン映画の最も悪い傾向を有つた喜劇にも、曾《かつ》て容易に見出せなかつた恥づべき旧式なテクニクである。それればかりではない、英《はなぶさ》の娘〔百合子〕にバナ、の皮を投げさせたり、ナプキンにインキを滴《た》らさせたりするのは、野村〔芳亭〕君の少なくとも喜劇映画の製作に対する考察が、随分薄ツペラで幼稚だといふことを物語るに過ぎない。既に其麼《そんな》手法は、アナクロニズムだといふことを知る必要がある。

（「笑へ若者合評」、『活動画報』一九二三年五月号、四五頁）

戦前・戦時下の日本文化史上には、「エロ・グロ・ナンセンス」という言葉が現在に伝わっていて、これはしばしば一九三〇年前後の暗い世相が生んだ退廃的な風潮を表していているとされる（次頁図36）。しかしこの言葉は、実際にはそのように言い切れるような単純なものではない。特に、既存の価値観を揺るがしひっくり返す「ナンセンス」は笑いの基本的な要素の一つであり、チャップリンらの喜劇映画、ひいてはバナナの皮ギ

図36　江戸川乱歩「陰獣」装画（竹中英太郎，1928）

ヤグとも無縁ではないのである。

一九二三（大正十二）年、関東大震災からの復興機運にのって、ビッグバンド・ジャズの狂騒、カフェーやダンスホールのエロ・サービス、チャップリンやバスター・キートンのドタバタ喜劇映画などに代表されるモダン都市の文化が花ひらいた。

それを小説の世界で代表するのが、江戸川乱歩の探偵小説の世界だ。〔……〕

そして、江戸川乱歩を生んだ雑誌「新青年」は都会の青年向けの高級娯楽雑誌を標榜《ひょうぼう》し、ナンセンス・ジョークやナンセンス・コントを掲載し、ナンセンスといえば「新青年」と呼ばれるまでになる。〔……〕

モダニズムの雑誌では、井伏鱒二や中村正常がモダン都会の風俗を材料にしたユーモア小説で活躍、やがて坂口安吾「風博士」のようなナンセンスの極みが現われる。

ひとが「エロ・グロ・ナンセンス」と呼び習わしたこの風潮は、一九三二（昭和七）年あたりで頂点を迎えるが、国際的な危機が進行し、享楽をいましめる政策がとられると急速に沈滞し、一九三七年、日中戦争の開始まもなく公布された「国民精神総動員法」の下に圧殺されてしまう。

（鈴木貞美「エロ・グロ・ナンセンスの系譜」、『別冊太陽　乱歩の時代』平凡社、一九九五年、八頁）

そのころ、日本映画においても一群の「ナンセンス映画」が作られていた。しかし、それは言葉からイメージされるような、単にゲラゲラ笑わせるだけの映画ではなかったようだ。

ナンセンス映画の呼び名は、まえにもあげた「エロ・グロ・ナンセンス」という流行語から借りたものであるから、正確に日本映画の一系列をよぶには不適当である。純粋にナンセンスな映画は、なにかを映画からもらいたがる日本人には、心から受けいれられる性質のものではなかった。〔……〕

むしろここでは、「ナンセンス映画」という名称を返上して、小市民的喜劇あるいは単に小市民映画といったほうがあたっているし、事実、次第にナンセンス映画の純正「ナンセンス」はすがたを消し、ナンセンスを薬味にした小市民的喜劇から、さらにホロにがい微苦笑的小市民映画、またはリアリスティックな小市民的心境喜劇へと展開して行ったのである。

（飯島正『日本映画史』上巻、白水社、一九五五年、八一―八二頁）

「ナンセンス映画」の第一人者にして〝喜劇の神様〟と呼ばれた斎藤寅次郎も、一九三五年に次のように書いている。

> 丁度その頃いまPCLへ行っている成瀬巳喜男や小津安二郎などが、僕と同じように、ナンセンス映画に就いて、散々の苦悩を味わって色々と研究し続けた末に、現在の社会相を諷刺して、その中に各監督の持ち味を加え、是《これ》までのナンセンス映画とは、全く一風変わったものを作る――という訳になってしまった。〔……〕
> いま、その一例をあげるなら、人間がふと不用意にして転ぶ、バナナの皮に滑った場合、見ていた人達は、一時に吹き出す。けれどその滑って笑われた御当人の気持ちの中に喰い入ったならば、笑おうにも笑い切れず、またそうかと言って、泣こうにも泣き切れないやう《ママ》な現実にぶつかっているに相違ないのである。そして、そうした人間の気持ちに、深く喰い入りながら、その人間を取り巻く一個の社会相を描く――と、いった種類のものであって、ただ故なくして吹き出させる、というよ

うな簡単なものではなくなってしまって来た。
（斎藤寅次郎『日本の喜劇王』清流出版、二〇〇五年、一〇七―一〇八頁）

同じようなことは文学の世界でも起きていたらしく、同人誌時代の坂口安吾は一九三一年五月、随筆「ピエロ伝道者」において当時の「ナンセンス文学」に対する不満を表明している。

日本のナンセンス文学は、行詰つてゐると人々はいふ。途方もない話だ。日本のナンセンス文学は、まだナンセンスにさへならない。〔……〕ナンセンスは「意味、無し《ノン・センス》」と考へらるべきであるのに、今、日本のモダン語「ナンセンス」は「悲しき笑ひ」として通用しやうとしてゐる。〔……〕しかし、人を悲しますために笑ひを担ぎ出すのは、むしろ芸術を下品にする。笑ひは涙の裏打ちによつて静かなものにはならない。むしろその笑ひは、騒がしいものになる。チャップリンは、一巻物の時代だけでも立派な芸術家であつたのだ。
（『坂口安吾全集』第一巻、筑摩書房、一九九九年、四三頁）

この「ピエロ伝道者」の翌月に発表された「風博士」は、坂口自身によるナンセンス文学であり、彼が文壇で注目されるきっかけになった小説でもある。

さて諸君、彼の悪徳を列挙するのは余の甚だ不本意とするところである。なんとなれば、その犯行は奇想天外にして識者の常識を肯《がえ》んぜしめず、むしろ余に対して誣告《ぶこく》の誹《そしり》を発せしむる憾みあるからである。たとえば諸君、頃日《ひごろ》余の戸口にBanana の皮を撒布し余の殺害を企てたのも彼の方寸《ほうすん》に相違ない。愉快にも余は臀部及び肩胛骨に軽微なる打撲傷を受けしのみにて脳震盪の被害を蒙るにはいたらなかったのであるが、余の告訴に対し世人は挙げて余を罵倒したのである。諸君はよく余の悲しみを計りうるであろう乎《か》。

（『ちくま日本文学9 坂口安吾』、筑摩書房、二〇〇八年、一二三頁）

日本の笑いとアメリカ映画

ウィル・スコットという作者の短篇小説「バナナ殺人未遂事件」（宮園義郎訳）が掲載されたのは『新青年』一九三九年秋季増刊号である。「これはゲン然たる実話ですゾ」という書き出しで始まる同作は、伯爵がバナナの皮ですべって放水路に落っこちるが通りすがりの男に助けられ……というたわいもない内容で、殺人未遂事件でもなんでもない。このような能天気な作品が存在しえたのはこのころまでだったかもしれない。同作が掲載された一九三九年というと、前年には国家総動員法が施行され、翌一九四〇年には大政翼賛会が結成される、という激動の年にあたる。

いわゆる「十五年戦争」の渦中にあって、エロ・グロ・ナンセンスの風潮は、時局にそぐわないとしてすでに「圧殺」されていた。一九四一年十二月、アメリカ映画は上映を禁止され、翌四二年には「日本漫画奉公会」が結成されて、漫画家は国家への奉仕を強いられた。そして一九四五年八月十五日、日本は敗戦を迎える。しかし、それは人々が再び心から笑い楽しむことができるようになった日でもあった。

敗戦後の日本人を再び笑わせたものの一つが、それまでの敵国、アメリカの喜劇映画だった。戦時中にアメリカ映画を見ることができなかった映画ファンはもちろん、疲れ切った多くの日本人が笑いを求めて映画館に通った。

アメリカ人は非常に親切だったから、日本人に民主主義を教え込むためには、アメリカ映画をたくさんみせるのが良いと判断した。そして、日本人をアメリカ映画漬けにする方針を立てたのである。〔……〕

GHQは親切だったから、きわめて高級なコメディからスラップスティック・コメディ（＝どたばた喜劇）まで、占領下の日本人にみせてくれた。高級なもの、あるいは、国情がちがうために理解しがたい喜劇でも、日本人にわからないだろうといった、まちがったためらいを彼らは持たなかった。これは皮肉ではなく、アメリカの文化政策のすばらしいところである。喜劇に関しては、パリパリの新作から十年近くまえのものまで、なんでもみせてくれた。

そのころ、アメリカで大衆的人気があったアボット＝コステロ映画から、古くはローレル＝ハーディ映画、マルクス兄弟の後期の映画、そして正しいパロディのあり方を教えてくれたクロスビイ＝ホープの珍道中映画が殆ど同時に公開された。

（小林信彦『世界の喜劇人』新潮文庫、一九八三年、三一四頁）

そのころ映画館で笑っていた観客の中に、いかりや長介がいる。

ともあれ、映画館の暗闇で笑うのは、当時の私にとって至福のときだった。今おもえば、やはり私は私なりに戦後の日常生活が苦しく、辛かったのだとおもう。そういう日常生活を一時的であれ忘れさせ、楽にしてくれるのは、「笑い」であった。満員の映画館でアボットとコステロに笑い転げていた誰もが、敗戦国の辛い生活のなかで笑いに飢えていたのだとおもう。

（いかりや長介『だめだこりゃ』新潮文庫、二〇〇三年、二八頁）

一九三一年生まれのいかりやは当時の人気コンビ、アボット&コステロの喜劇映画が特に好きで、「ドリフの、私の原点はあそこにあったのだろう」と書いている。やがて、彼がリーダーを務めたドリフターズは、日本のお笑い史に燦然《さんぜん》と輝く存在となる。

また、ギャグ漫画家の赤塚不二夫も一九九九年、次のように語っている。

あと映画がメチャクチャ流行《はや》ってたんだよ昔は。映画の黄金時代ってのがあったんだね、戦後の昭和二十年あたりからずーっと昭和三十八年くらいまでの間ってのは、ものすごい面白い映画がいーっぱいあってね、僕はその映画のチャップリンとかキートンとかダニー・ケイだのボブ・ホープだの、そういうのからギャグの影響を受けてんだよ。だから、それを漫画に反映させたわけ。

（『赤塚不二夫対談集　これでいいのだ。』MF文庫、二〇〇八年、二三三頁）

アメリカ喜劇映画は日本の笑いに直接的、間接的に多大な影響を与え続けてきた。そして、その影響はいまなお続く。たとえば、バナナの皮ギャグを愛好する漫画家・浜岡賢次。『浦安鉄筋家族』単行本のコーナー「浜岡賢次の好きなもの」には第一巻にドリフターズ、第七巻にいかりや長介が挙げられ、ほかにもキートン（第三巻）、ローレル

&ハーディ（第八巻）、ロイド（第十二巻）とアメリカの喜劇俳優の名前も挙げられている。浜岡の漫画がアメリカ無声喜劇映画からドリフターズに至る一連のスラップスティック的世界を受け継いでいることが、ここからも分かるのだ。

漫画家、映画監督、小説家、芸人など、笑いという表現に関わる職業はたくさんある。そして彼ら笑いの職人たちがこれまでに生み出してきた作品は数限りない。それら個々の作品の大部分はやがて忘れ去られる運命にある。しかしこの世に笑いを求める人がいる限り、そしてそれに応える笑いの職人がいる限り、笑いの歴史が途絶えることはない。バナナの皮ギャグも同じである。バナナの皮ギャグは国境を越え時代を超え、作品のジャンルの違いを乗り越えて、今日まで受け継がれてきた。チャップリンやドリフターズを知らない人は現在ではすでに珍しくなりつつあるが、バナナの皮ギャグ、しかしそれはなぜか誰もが知っている。そんな驚異的な知名度を誇るバナナの皮ギャグならな有名無名の大勢の笑いの職人たちがバナナの皮ギャグをリレーし続けてくれたおかげなのである。

九房め　アメリカ喜劇映画の神々

一口に「パイ投げ」といっても、手にしたパイを目の前の相手の顔に直接押しつける顔面パイから、両手のパイを別々の方向に投げて二人の標的にぶつける高度な技まであり、なかなか奥が深い。

キーストン出身のアーバックルはパイ投げの名手だが、映画におけるパイ投げの被害者第一号でもあったといわれている。弟子のキートンは自作ではパイを飛ばさなかったが、『バスター・キートン自伝』第十四章にはパイ投げについて解説した一節があるので参照されたい。なお、キートンがカメラの前で最初に行なった演技は、アーバックルの投げた小麦粉の袋が顔面を直撃してひっくり返るというものである。

現在、パイ投げは映画やテレビではあまり見かけなくなったが、現実世界では一九九八年、マイクロソフト社のビル・ゲイツが実在のパイ投げ集団のメンバーにパイをぶつけられて話題となった。愛好者もおり、パーティーなどでも健在の模様。

私たちには何となく、「バナナの皮ギャグはアメリカのもの」というイメージがある。たとえば、中川ひろたか・あべ弘士の絵本『バナナをかぶって』には、「かわは　そのまま／ポイしちゃう／ゴリラはすべってくれるかしら／アメリカまんが　みたいにね」という一節がある。また、雁屋哲・花咲アキラの漫画『美味しんぼ』第八十九巻には、バナナの皮ギャグについて「アメリカの喜劇映画による創作なのです」と語る老人が登場する（図37）。同じように考える人は少なくないのではないだろうか。確かに、アメリカのアニメや喜劇映画には、バナナの皮ギャグが頻繁に使われているようなイメージがある。

図37　作・雁屋哲，画・花咲アキラ『美味しんぼ』89，2004年，p.108

日本で最も有名なアメリカ無声喜劇映画の俳優といえばチャップリン。ファンなら彼が実際にバナナの皮で滑る場面を知っているだろうし、ファンでなくともバナナの皮ギャグと聞いてなんとなくチャップリンを連想する人は多いようだ。チャップリンだけではない。「三大喜劇王」――チャップリン、キートン、ロイドは全員バナナの皮ですべっている。これはアメリカにおけるバナナの皮ギャグの歴史の長さを物語るとともに、バナナの皮ギャグが当時のアメリカにおいてすでにスタンダードな存在だったことを示している。

では、バナナの皮ギャグは彼らの手によって生まれたギャグなのだろうか。

スラップスティックとは

一九二七年にパート・トーキーの作品『ジャズ・シンガー』が発表されるまで、アメリカ映画には「声」がなかった。言葉のギャグではなく視覚的ギャグで笑わせなければならなかったので、喜劇映画の出演者たちはすべって転んだり追いかけっこをしたり水浸しになったり高いところから落っこちたりと、とにかく体を張って動き回った。一九一〇年代から二〇年代にかけて、このようなスタイルの喜劇映画「スラップスティック」がさかんに作られた。

もっとも、映画というジャンル自体の発達にともない、喜劇映画は次第に洗練されたものになっていく。ギャグの連発そのものを目的とした映画作りからストーリーが中心になっていくと、ギャグは物語の展開上のつなぎや、合い間の息抜きなどに使われるにとどまる映画作りへと変わっていった。また、スラップスティックとは別に、より現実的な内容のシチュエーション・コメディも早くから作られていた。

スラップスティックは二〇年代の終わり、無声映画の終焉と運命をともにする。音のないことがスラップスティックの魅力の一つだったのはまぎれもない事実である。しかし、トーキーの到来だけがスラップスティックの衰退の理由ではないようだ。


一九二九年、あるいは区切りをよくして一九三〇年に、サイレント喜劇の黄金時代が終ったというのは、今日では、いわば定説といっていい。

それは、いわば、終るべくして終ったので、トーキーの出現は、いわば、崩壊のきっかけに過ぎなかったのではないか、と私は想像する。チャップリンの『黄金狂時代』（二五年）、『サーカス』（二八年）、『キートン将軍』（二六年）を見れば、それが或る極限にまで達していたのは明らかであろう。

（小林信彦『世界の喜劇人』二三六頁）


二〇〇九年に亡くなった映画評論家の双葉十三郎は、無声喜劇映画の歴史を概説した「アメリカ無声喜劇《サイレント・コメディ》の展開」において、スラップスティックの形式を独自に分類している。「パイ投げ」「すべってころぶ」「ぶつかり」「頭上へ落ちる」「落ちてびっしょり」――。これらは映画にも漫画にも当てはまる視覚的ギャグの分類といってよい。その一つ「すべってころぶ」の一項を見てみよう。

すべってころぶ　多少とも映画に親しんだひとなら、誰かが往来にバナナの皮を捨てる場面があらわれた瞬間、ゲラゲラ笑い出すだろう。他の登場人物がこれを踏んづけてひっくりかえることを予想するからである。バナナの皮が最初に映画に使われたのはいつか。しらべがついていないのは申しわけないが、ともかく初期にはすべってころぶことで笑った。それがあまりにも定石化されてしまったので、後年の観客は皮をすてる場面で先に笑うようになった。そしてヴァリエーションも生まれた。皮を落としても誰もすべらない、すべらせてやろうとわざわざおとした皮をうっかり自分が踏んでころんでしまう、といった具合いである。『スリーパー』のウッディ・アレンはこのバナナを巨大化して使っている。

バナナの皮ですべってころぶのはバランスを失うからであるが、そのバランスをとりもどそうとして必死にそりかえったり両手をふりまわしたりする動きがまた笑いをよぶ。バランスを失う原因はバナナの皮にかぎらないが、必死の努力でたおれずにすみ、ホッとしたとたんにつぎの別な原因でころがってしまう、という二段がまえも多い。また、お尻にこわれたイスのスプリングがくっついたのに気がつかない人物が、すべって尻もちをつきかけたとたんにスプリングで弾んでもとの姿勢にもどり平然と歩くという逆手のギャグもある。

（『バスター・キートンと喜劇の黄金時代』キネマ旬報社、一九七五年、五一―五二頁）(1)

「すべってころぶ」はスラップスティックにおける最も基本的な視覚ギャグの一つである。その原因としては濡れた路面、石鹼、大量のじゃがいもなどさまざまなものが考えられるが、中でもバナナの皮は最もコミカルで、「すべってころぶ」原因の代表格といえる。

落ちていたバナナの皮で誰かがすべって転ぶ、それ自体は非常にシンプルな笑いである。しかし、誰かが意図を持ってバナナの皮を落としておくのなら、それは短い物語の始まりになる。悪童がいたずら目的で、あるいは大人が憎い相手にささやかな復讐を(2)……。その結果も一つではない。バナナの皮ギャグは基本形がシンプルなので応用もしやすい。

映画の誕生間もないころは単に動くものが映っていれば観客は喜んだが、次第に技法や内容が要求されるようになった。バナナの皮ギャグも同じように、最初はバナナの皮ですべる人をスケッチしていればよかったのが、次第になんらかのプラスアルファが要求されるようになったものと思われる。こうして「誰もすべらない」不発型バリエーション、「自分が踏んでころんでしまう」自爆型バリエーション、すべらなかったと思ったら次の展開が待っている「二段がまえ」バリエーションなどが次々と生まれたのだろう。

ところで、「転ぶ」というシンプルな動作一つから喜劇俳優の良し悪しを判断できることを知っていた人物がいた。彼の名はマック・セネット。

ほかの撮影所で働くようになってからも、〔後のプロデューサーの〕ザナックはマック・セネットの撮影所には頻繁に戻っていた。海水着美人をひっかけるためばかりではなかった。彼はいつのまにかセネットに心服するようになっており、やり方は独裁的ではあるが、天性の映画製作者と見て、多くを学んでいた。セネットには人を笑わせるツボと喜劇役者に必要な資質を見抜く鋭い勘があった。一度、彼はこの青年ギャグマンに、本物の喜劇役者を見抜く確実なテストがある、と明かしたことがある。

「ころぶところを見るのだ。もちろん、それで笑いをよぶはずだ。役者なら誰でも、ころんで観客を笑わせることはできる。だが立ちあがるとなると——そこがテストだ。もし立ちあがりながら、もう一度笑いを引きだしたら、そいつは喜劇役者だ。わたしなら長期契約を結ぶ」

それができるのはハリウッドではふたりだけ、チャップリンとキートンで、どちらもうとても雇うわけにはいかない、というのが彼の持論だった。
（L・モズレー『ザナック』金丸美南子訳、早川書房、一九八六年、八三―八四頁）

喜劇の中の転倒者たち

〝映画の父〟デイヴィッド・グリフィスの初期監督作に『カーテン・ポール』（一九〇九）という喜劇がある。「アメリカ初のスラップスティック」と評する人もいるこの作品の主演俳優こそ、のちの〝喜劇の父〟マック・セネットである。一九一二年にキーストン社の責任者に就任して以来、セネットは数多くの喜劇映画と喜劇俳優たちを世に送り出した。スラップスティックの歴史は彼の名なくしては語れない。

セネットがあらゆるスラップスティック的ギャグの創始者であるかのようなイメージはいまでも強いようだ。セネットの人生を描いたD・ブラウンの絵本『マック・メイド・ムービーズ』（二〇〇三、未邦訳）もそのような書きぶりで、イラストの中にはバナナの皮ですべる女性も描かれている。しかし、当時のアメリカで喜劇映画を製作していた映画会社はキーストン社だけではない。そもそも、キーストン喜劇の名物である追っかけや間抜けな警官は、ヨーロッパの喜劇映画の中でいち早く登場していた(3)。キーストン喜劇が映画史に果たした役割は、ヨーロッパの喜劇映画の要素を取り入れつつ独自にスラップスティックのスタイルを確立したことである。
では当時、アメリカの喜劇俳優たちは映画の中でどのようにバナナの皮ですべったのだろうか。主な喜劇俳優を一人ずつ取り上げてみよう。

1 ロスコー・アーバックル

キーストン社の看板喜劇俳優の一人。三大喜劇王全員を脇役に回した唯一の喜劇俳優でもある。体重百二十キロという太った体に似合わない軽やかな動きや愛嬌で人気を博し、アメリカでは「ファッティ」、日本では「デブ君」の愛称で親しまれた。一九一七年にキーストン社から独立、同年に公開されたその第一作『デブ君の女装(おかしな肉屋)』は、バスター・キートンの映画デビュー作でもある。キートンにとってアーバックルは友人であり映画の師だった。二一年に今では冤罪説が濃厚な事件に巻き込まれるまで、彼はチャップリンにつぐ人気者だった。

キーストン社在籍中の主演作『デブ君の奮闘』(一九一五)に、彼がバナナの皮ですべる場面がある。アーバックルは妻とその母親と同居する夫役。口やかましい姑にこき使われる毎日に嫌気が差したアーバックルは酒の力を借りて一暴れ、皿をバリバリ噛み砕いたりした後そのまま家を飛び出す。そこに突然少年が現れてバナナの皮をポイ捨て、アーバックルはすっ転ぶ。これには続きのギャグがあって、怒ったアーバックルに蹴っ飛ばされた少年は後ろ向きのまま、遠ざかっていく電車にスムーズに乗り込む（ここはフィルムを逆回転させているらしい）。なお、この作品には姑がコショウらしきものを吸い込んでくしゃみをする場面がある。このギャグも相当古いようだ。

2　チャールズ・チャップリン

三大喜劇王の一人。説明不要の偉大なる喜劇俳優。一九一四年にキーストン社で映画デビューを飾り、ここで人気を得たチャップリンは一五年にエッサネイ社に移籍。彼が自分で捨てたバナナの皮ですべる『アルコール先生海水浴の巻』（一九一五）は、このエッサネイ社での作品である。本作は単純なドタバタの積み重ねで、バナナの皮ギャグも単なるスケッチにすぎない（図38）。

図38　チャップリン『アルコール先生海水浴の巻』のワンシーン。自分が投げたバナナの皮で転倒する。

バナナの皮ギャグは、そのころの喜劇映画にやたら登場したらしい。次のやり取りは、ハリウッドに来たばかりの脚本家チャールズ・マッカーサーにチャップリンが視覚ギャグの作り方をアドバイスしたときのものである。

「例えば、五番街を歩いている太ったご婦人をバナナの皮ですべらせて、それでも笑いが取れるだろうか。もう百万回も繰り返されてきたギャグだ」とマッカーサー。

「笑いを得るためにはどうすれば一番いいんだろう。まず最初にバナナの皮を見せて、次に太ったご婦人が近づいていき、それからすべるのがいいのか。それとも太ったご婦人を最初にして、それからバナナの皮、そしてすべるのがいいんだろうか？」

「どちらもだめだよ」とチャップリンはためらいもなく言った。

「太ったご婦人が近づいてくるのを見せて、それからバナナの皮を見せる。そして太ったご婦人とバナナの皮をいっしょに見せる。彼女がバナナの皮をまたいだところでマンホールの中に消えるんだ。」

（D・ニーヴン『ブリング・オン・ザ・エンプティー・ホーシズ』一九七五年、未邦訳、二〇五―二〇六頁）

その後、チャップリンのバナナの皮ギャグはより複雑で心情的なギャグとなって『偽牧師』（一九二三）に登場する。新任の牧師に化けたチャップリンが、迎えに来た教会の執事とともに教会に向かう。執事のポケットに酒瓶が入っているのを見つけたチャップリンは、こっそり自分のポケットに移し替える。そこに突然少年が現れバナナの皮をポイ捨て、二人はそろってすっ転び、その拍子にポケットの酒瓶が割れて地面を濡らす。酒瓶を盗んだことがばれたチャップリンと、酒瓶の所持がばれていたことに気づいた執事――。

『サーカス』（一九二八）では、非常にスリリングなバナナの皮ギャグが登場する。綱渡りをしたことがないチャップリン、こっそり命綱をつけて綱渡りに挑む。ところが、途中で命綱が外れてしまう。さらに猿たちがやって来て、鼻をかじったりズボンを下ろしたりする。それでも何とかあと少しで渡り切るというそのとき、一匹の猿が綱の上にバナナの皮を乗せる！

3　バスター・キートン

三大喜劇王の一人。決して笑わない顔をトレードマークに、大自然とアクロバティックに戦う壮大なギャグや映画の特性を生かした知的なギャグなどで人気を博した。ひたすら笑いだけを追求し、喜劇史の中を一途に走り続けた彼は今日、チャップリンと並びうる存在として現役当時よりも高い評価を得ている。

一九一七年にアーバックルの主演作で映画デビュー、そのまま助演し続けた。アーバックルはその後別の会社に移籍、独立したキートンの第一作『ハイサイン』(製作＝一九二〇、公開＝一九二一)に、彼の最初のバナナの皮ギャグが登場する。以下はキートンの回想。

『ハイサイン』の一場面で男がバナナの皮を落とす。私がそのバナナの皮に近づくので、観客は当然私が踏んづけて転ぶのだろうと期待する。しかし私は転ばないでそのままキャメラの前まで来る。最初私は、ここでマフィアの秘密の合図をやって笑いをとろうとした——親指を鼻の下で交差させて手を顔の両側に広げるのだが、このしぐさは観客の前で親指を鼻につきつけて、「どうだ、騙してやったぞ」と言っているみたいだった。

結局、観客の裏をかくにしてもちょっとやり過ぎなのはまちがいだという結論になった。ただこのシーンをカットする代わりに、ショットをひとつ追加したのである。今度は私はキャメラに例のしぐさをやったあと、今度は別の誰かが落とした第二のバナナの皮で足を滑らして転ぶ。これは成功だった。

(B・キートンほか『バスター・キートン自伝』藤原敏史訳、筑摩書房、一九九七年、一四六頁)

図39　キートン『探偵学入門』のワンシーン。フロアのバナナの皮でキートン扮する主人公（右）が豪快にすべる。

なお、現行のバージョンでは誰も踏まないところで次の場面に移っている。キートンの記憶違いかシーン追加前のものが現在出回っているのかは不明。

また、『探偵学入門』（一九二四）では、自爆型バナナの皮ギャグが登場する。ヒロインの家にやって来たキートンと恋敵。ヒロインと二人きりになりたい恋敵、キートンに「バナナやるからあっち行ってろ」といわんばかりに一本のバナナを手渡す。キートンは恋敵をすべらせてやろうと思って皮をむいて床に落とすが、恋敵はなかなか踏んでくれない。その後、キートンは二人の間に割って入ろうとして、自分が豪快にすべる（図39）。

4　ハロルド・ロイド

三大喜劇王の一人。現在ではややマイナーな存在だが、現役当時はアメリカでも日本でも、チャップリンにつぐ人気喜劇俳優だった。キャリアの初めのころ、キーストン社に在籍していたが、ここでは才能を開花できなかった。のちに友人ハル・ローチのもとで今日知られるカンカン帽・ロイド眼鏡のキャラクターを確立、平凡な青年が一発奮起して成功するというストーリーが共感を呼んだ。スラップスティックとは一線を画した、明朗で洗練された喜劇の担い手だった。

長篇『ロイドの福の神』（一九二六）のクライマックス、二階建てバスを乗っ取った酔っ払いたちとともに結婚式場に急ぐロイド。二階から落っこちそうになったりしているうちに、ハンドルを握っていたはずの男が二階に上がってくる。あわててボンネットづたいに運転席に乗り込もうとしたロイドだが、そこにさっきからバナナを食べていた男が皮をポイ、ロイドはすべってボンネットの横にはまってしまう。運転手のいない暴走バスの運命やいかに――。

また、トーキー作品『ロイドの足が第一』（一九三〇）では、自爆型バナナの皮ギャグが登場する。客船の中で、自分の写真が掲載された雑誌を回収してまわるロイド。一人の女性が雑誌を手にしたまま行ってしまったので、ロイドはバナナを食べていた船員から皮をもらい、女性をすべらせてそのすきに奪おうとする。しかし女性は皮のそばを素通り、すぐ後ろを歩いていたロイド自身がすべってしまう。結局、雑誌は別の船員のお尻にくっついてしまったので、ロイドは彼とすれ違いざま雑誌に火をつける！

5　ローレル＆ハーディ

無声映画時代の末期に現れたベタで破壊的な芸風のコンビ、ローレル＆ハーディ。やせたボケ役のスタン・ローレルと太ったツッコミ役のオリヴァー・ハーディのコンビはトーキー以後も人気を保ち、二人の共演作は一九五一年まで作られた。『世紀の対決』（一九二七）では、ローレルに傷害保険をかけたハーディがさっそくローレルをバナナの皮ですべらせようとするものの、誤ってパイ売りの男をすべらせてしまい、これが街中を巻き込んだ壮絶なパイ投げ合戦の発端となる。また『珍給仕』（一九二八）では、犬がむいたバナナの皮で給仕のハーディが三度にわたりすべる。

> パイ投げやバナナの皮で転ぶギャグなどは、以前から常套的に星の数程いるコメディアンたちが使い古し切ったネタである。ロイド〔が得意としたキャラクター〕「ヤングマン」の場合と少々仕様が異なるが、ローレル＆ハーディはオーソドックスで古典的とも言えるギャグをベースに情況喜劇《シチュエーションコメディ》を演ずるのである。
>
> （新野敏也『サイレント・コメディ全史』喜劇映画研究会、一九九二年、二二九頁）

トーキー後も二人のベタっぷりは続く。たとえば、長篇『ごくらく珍商売』（一九四三）では傷害保険をかけていたローレルをバナナの皮ですべらせようとしたハーディが誤って警官をすべらせてしまい、次に自分がすべり、さらに果肉でもすべる。

5　その他

ハリー・パルマーの短篇アニメ『アイム・インジャード』（一九一六、日本未公開）は、失業者が自らけがをして傷害保険の金を手に入れようとするがうまくいかず、真面目に働こうと決意して家を出た矢先、バナナの皮らしきものですべって昏倒、結局最初の望み通り入院するはめになるというストーリーだ。

『何故妻を換へる？』（一九二〇）は、『サンセット大通り』（一九五〇）で怪演したグロリア・スワンソンの若き日の主演作。スワンソン演じる妻のベスと夫のロバートは離婚するが、夫は新しい妻サリー（離婚のきっかけを作った人物）にも幻滅してしまう。その後滞在先で再会したベスとロバートは、お互いへの愛がまだ残っていることに気づくがどうにもならない。しかし、二人は汽車の中でまたもばったり。ここで字幕。「これがもしフィクションなら、汽車が事故を起こすか、駅を出たところでひどい自動車事故に巻き込まれるだろう。しかし現実の人生において男の運命を変えるものは、女でなければ、たいていは煉瓦かバナナの皮である」。この後、本当にバナナの皮が彼の運命を変える。二人が駅を出たところで、ロバートは少年が投げ捨てたバナナの皮ですべって頭を打って昏倒。笑っていた少年たちは青くなって逃げ出す。集まった人々に「うちに連れて帰ります。彼は……私の夫です」と語るベス。そして二人のもとにサリーがやって来て一波乱。結局サリーは去り、ベスとロバートは元のさやに収まる。なお、スワンソンはキーストン社に在籍していたことがある。『サンセット大通り』ではチャップリンの物真似を披露。

多くの女性ファンを魅了したルドルフ・ヴァレンティノ。バナナの皮ギャグは、三十一歳で急死した彼の遺作『熱砂の舞』(一九二六)にも登場する。旅芸人一座の一人が重量挙げをしている最中、一座の別の男がバナナの皮を投げつけて転倒させるのである。

漫画家・アニメ製作者のチャーリー・ボワーズは、一九二〇年代に実写と人形アニメを融合させた独自の作品を次々と発表している。その一つ『メニー・ア・スリップ』(一九二七、日本未公開)は、バナナの皮ギャグを主題にした作品という点で注目に値する。バナナの皮がすべる原因がバナナの皮の表面についた小さな虫であることを突き止めたボワーズは、人々を実験台にしながらバナナの皮をすべらなくする薬作りに取り組む。番号札のついたバナナの皮がたくさんぶら下がっている様子は大変シュール。巨大な顕微鏡で虫を観察する場面のみ人形アニメが使われている。

無声映画時代の末期に活躍したモンティ・バンクスの主演作『無理矢理ロッキー破り』（一九二七）には、追われるバンクスが積荷のバナナをばらまいたので追っ手たちがのたうち回る場面がある。このようにバナナの皮だけでなく、皮をむく前のバナナ本体も人をすべらせるのに使われてきた。キートンは『隣同士』（一九二〇）で警官をすべらせ、ミッキーマウスも『ミッキーのシャボン玉騒動』（一九三二）で追っ手をすべらせた。戦後の作品『あきれたあきれた大作戦』（一九七九）でも、カーチェイス中のピーター・フォークが大量のバナナをばらまいて追っ手の車をすべらせている。

無声映画の終焉間近の一九二九年、トーキー作品『ココナッツ』で映画デビューしたマルクス兄弟。セリフのかけ合いの面白さや楽器演奏などで、トーキー時代に大いに活躍した。その一作『御冗談でショ』（一九三二）では、ラグビーの試合中にハーポがバナナの皮で敵も味方もすべらせる。

スラップスティックの復活

生身の人間が演じる実写のスラップスティックは、トーキーの到来と前後して一九二〇年代末には衰退した。しかし、その笑いは主にアニメの世界に引き継がれた。実写の喜劇映画はより現実に近いものになってしまったが、トーキーアニメは音声を味方にさらに生き生きとした笑いを作り出すことができたのである。

とやかくしてゐる裡《うち》に突如生れ出でたのがトーキー漫画である。オスワルドが語るのである。ベテイプ《ママ》ーブ《ママ》が唄ふのである。ミッキーマウスが打つところそれが壁であらうが、花瓶であらうが、机であらうが妙なる美音を発するのである。生きた人間が為し得ない、奇想天外な不可能事を漫画のみが待《ママ》つ軽妙さを持つて易々としてやつてのけ、それに今迄出し得なかつた現実的な音を附従するのである。偉大なる出生である。この前にはチヤップリンの泣き笑ひも、ロイドの面白さもキートンの笑はざる愉快さも影をひそめて了つた。そうでなくも行き詰つてゐた喜劇界であり、また人間がやる滑稽には人間として運動の限られた法則があり、型があり、斯《か》くやるであらうと思つてゐることが自分の想の外に出でたに過ぎない面白さであり、繰り返されれば面白くもなくなるものである。而《しか》し乍《なが》ら漫画に於いては一歩先何をやるか全然想ひもつかないのである。何でもやるのである、太陽へ梯子をかけて昇り、その上で玉子を焼くことも出来れば大きなピアノを煙草のケースの中へ臓《しま》ひ込むこともいと易いことである。ナポレオンが抹殺し損ねた不可能の文字を漫画トーキーは完全に抹殺することが出来るのである。

（幸内純一「トーキー漫画製作法」、『漫画講座』第二巻、建設社、一九三四年、一〇七―一〇八頁）(4)

ベティ・ブープ主演の『子猿と子犬』(一九三九)では、猿が犬をバナナの皮ですべらせる。ディズニー作品『ドナルドのベルボーイ』(一九四二)では、ドナルドダックがすべる。『トムとジェリー』シリーズの一話「素敵なおさがり」(一九四四)では、トムがすべる。アニメ版『ピンクパンサー』の一話「決死の情報部員」(一九六五)では、敵スパイが先回りして落としておいたバナナの皮で、ピンクパンサーがすべってビルから転落、頭の上にバナナの皮が着地する。同じく「入院も命がけ」(一九六八)では、自分がポイ捨てしたバナナの皮で転倒して入院するはめになる。

一方、実写のスラップスティックも一九四〇年代末から再評価が徐々に始まり、昔の作品の修復作業や再上映が行なわれるようになる。六〇年代には現代版スラップスティックを意図した作品が次々と作られる。その一つ、『おかしな、おかしな、おかしな世界』(一九六三)は終始口やかましかった女性がバナナの皮ですべり、一同が大笑いする場面でしめくくられる。また、パイ投げならぬケーキ投げ合戦の場面がある『グレートレース』(一九六五)は、ローレル&ハーディに捧げられている。バナナの皮ギャグもパイ投げも、数十年の時間《とき》の試練に耐え、スラップスティックの代名詞的ギャグとして揺るぎない古典的存在となったのである。

スラップスティックの精神はいまなお映画や漫画やテレビ番組の中で生き続けている。

バナナの皮ギャグがいまだに使われ続けているという事実はその証である。また、今日では黄金時代のスラップスティックの多くをビデオやDVD、あるいはネット配信で鑑賞することができる。私たちは最新のバナナの皮ギャグを漫画雑誌で楽しむことも、大昔のバナナの皮ギャグをパソコンで楽しむこともできるのである。

バナナの皮ギャグが使われた最初の映画は？

では、バナナの皮ギャグの考案者や発祥となった映像作品は判明しているのだろうか。V・ジェンキンス『バナナス――アン・アメリカン・ヒストリー』（二〇〇〇、未邦訳）では、バナナの皮ギャグの登場する最初期の映画を二つ紹介している（図40）。一つは、その名も『バナナ・スキンズ』（一九〇八）で、一房のバナナを買った親子が皮で人をすべらせようとするイギリス製作の作品。もう一つは、主人公がバナナの皮ですべる場面から始まる『ザ・パッシング・オブ・ア・グラウチ』（一九一〇）。こちらは主人公の災難の連続を描いたアメリカ製作の作品。

図40　*Bananas; An American History*, 2000

イギリスで生まれたバナナの皮ギャグがアメリカに上陸したのか、それともバナナの皮ギャグがイギリスとアメリカで同時発生的に生まれたのか、その点もはっきりしない。この二作品だけで映画におけるバナナの皮ギャグ発祥の様子を想像するのは難しいと言える。そもそもこの二作品自体、現存するかどうかをふくめ、詳しいことはほとんど分からない。二〇一七年十一月現在、世界各国の映画・テレビ番組のデータベース「ザ・インターネット・ムービー・データベース」(5)(IMDb)には、二作品に関する項目はあるが、商品情報はない。また、無声映画のサイト「サイレント・エラ」(6)では、二作品が現存するかどうかについて「不明」としている。どちらも日本未公開と思われる。

なお、調べていて一つだけ興味深い事実が分かった。IMDbによると、『ザ・パッシング・オブ・ア・グラウチ』で主人公を演じたのは、キーストン社設立前のマック・セネット。つまり〝喜劇の父〟セネットは、〝喜劇王〟チャップリン以前にバナナの皮ですべっていたのである。

日本がそうであるように、欧米でも初期の映画の多くは永遠に失われ、また「最初のバナナの皮ギャグ」に関する当時の映画製作者の証言も特に残されてはいない。よって、今後もバナナの皮ギャグが登場する最初の映画を特定することはほぼ不可能と思われる。

しかし、その人その作品ならではのギャグや名言、その他として知られているものが、実はそれより前のマイナーな作品や人物によって使われていたというのはよくある話である。たとえば、チャップリンの芸としてあまりにも有名な「パンのダンス」は、『黄金狂時代』（一九二五）の名場面である。しかし、パンのダンスを映画の中で最初に実演したのはチャップリンではない。キーストン社での先輩にあたるアーバックルの『デブ君の入婿』（一九一七）の中にも同じような短い場面がある。しかし、もはやパンのダンスは永遠にチャップリンのものだろう。『黄金狂時代』は喜劇王チャップリンの最高傑作の一つで、アーバックルとその作品は今日ではほとんど無名に近いからである。ジョニー・デップも『妹の恋人』（一九九三）でパンのダンスを披露しているが、これはあくまでチャップリンの物真似、リスペクトであって、デップ本人のオリジナル芸として演じたものではない。(7)

記憶にも記録にも残ってこそ、その人その作品ならではのギャグといえる。バナナの皮ギャグはそのようなギャグではなかった代わりに、国境を越え時代を超えて繰り返し使われ続け、やがて誰のものでもない人類共有の文化となった稀有なギャグなのである。

ところで、まだ一つ大きな問題が残されている。人をすべらせるために、なぜバナナの皮が選ばれ、愛用され続けてきたのだろうか。ただコミカルというだけでは、バナナの皮がこれほど執拗に使われ続けてきたわけを説明するのに不十分ではないだろうか。人をすべらせるためのアイテムとしてバナナの皮が選ばれたとき、そこにはその他のアイテムの場合と異なる何か特別な事情がありはしなかったか。

結論からいうと、映画におけるバナナの皮ギャグは、ある日、誰かのアイディアで何気なく誕生したわけではない。十九世紀後半——映画の誕生よりも前に、多くの人々が実際にバナナの皮ですべっていたのである。

十房め　バナナの皮がギャグになるまで

フランスの首都「花の都」パリでは、大勢の人々がすべって転ぶ被害に見舞われてきた。その原因は、なんと犬の糞。以下は一九九八年六月十四日付『朝日新聞』朝刊「天声人語」の一節。

「パリのふん害はすさまじい。毎年、大勢の人が踏みつけて滑り、けがをする。数年前、罰金を取り立てるため、飼い主を尾行する部隊が組織された。以前から、掃除機を積んだオートバイ隊が出動して、市内を清掃して回る。その費用は一年で八億円とか」。

また、中国のニュースサイト「人民網」日本語版の二〇〇二年四月十一日付記事、「犬のふんを踏んで骨折が年間六〇〇人/パリ」もパリの恐るべき惨状を伝えている。なお、最近では厳罰化の結果、ようやく改善されつつあるともいう。

「糞害」はパリだけの話ではない。鳥山明といえば巻きグソをポピュラーな存在にした漫画家だが、『Dr.スランプ』第七巻（集英社、一九八二年）によると、彼は子どものころ犬の糞ですべったことがあるらしい。犬の糞による転倒事故は日本でも起きているのである。

犬の散歩をするときは必ず糞を持ち帰るよう心がけたい。

落ちていたバナナの皮ですべって転ぶ。この構図がギャグとして認識されるようになるまでには、どのような歴史の流れがあったのだろうか。本章では、バナナの皮ギャグの原点に迫る。

転倒事故の続発

十九世紀後半、南からやって来た新しい果物「バナナ」は、輸送手段や鉄道網の発達とともに次第にアメリカ人におなじみの果物になっていった。食べ歩きに非常に適しているバナナを多くの人が食べ歩きし、食後に残された皮はそのまま路上にポイ捨てされた。こうして、バナナの普及はそのままバナナの皮による転倒事故の続出につながった。「バナナの皮ですべって転ぶ」は笑いの世界から生まれたフィクションではなく、現実世界での社会問題として生まれた構図だったのである。以下、インターネットで閲覧できるテキストを中心に紹介してみたい。

一八六一年には早くも、子ども用の新聞に「オレンジやバナナの皮を捨てるな」と訴える文章が掲載された。

ダメだよ、少年少女よ、誰の首も折りたくないならね。人生で少なくとも十二回、私はオレンジやバナナの皮を踏み、すべり、倒れまいとして背中をよじった。私があまり元気な年寄りでなかったなら、背中から投げ出され、頭にけがをして、オタンコナスが歩道に捨てたオレンジの皮で死んでいたかもしれない。私がこう言っても、誰にも文句は言われないだろう、「歩道にオレンジやバナナの皮を投げ捨てるな！」

（『サンデー・スクール・アドヴォケイト』紙、一八六一年九月十四日付）[1]

当時、都市の路上には果物の皮に限らずさまざまなゴミが落ちており、大変汚れていた。中でも、バナナの皮やオレンジの皮は実際に多くの人を転ばせたうえ、その目立つ色から歩行者に与える印象も強かったものと思われる。とはいえ、人々はただ足をすくわれ手をこまぬいていただけではなかった。一八七〇年にニューヨークで結成された「反オレンジの皮・バナナの皮協会」のように、反撃に転じた人々もいた。

同胞たちの福祉を増進させるもの、すべてに喝采を送る準備も万端の『パンチネロ』は、このたびニューヨーク市で「反オレンジの皮・バナナの皮協会」が結成されたことを歓迎する。無謀にも歩道にポイ捨てされた、オレンジの皮などのすべりやすい皮による深刻な事故が毎年多数発生しており、長い間話題になっていた。われわれの市民のうちの主な何人かはこの問題に対して手を打とうとした――より正確には足を使った――のだった。ページの上部の絵（図41）は、協会のメンバーたちが、人をすべらせるものをブーツで路上から除去しているところである。協会には『パンチネロ』からの最大の好意を送る。歩道を危険にするポイ捨て猿《オレンジウータイ》たちには最大の悪意を。

（『パンチネロ』誌、一八七〇年四月九日付）

図41　「反オレンジの皮・バナナの皮協会」の活動風景。

これらの文章から分かるように、十九世紀後半の時点で、オレンジの皮はバナナの皮と同格の存在だった。どちらも転倒事故の被害をもたらす元凶として強く意識されていたのである。では、バナナの皮だけがのちに笑いの世界に進出し、オレンジの皮がそうならなかったのはなぜだろうか。輸入の本格化にともなう価格の下落により、路上にポイ捨てされるバナナの皮の数がオレンジの皮の数を上回ったのか。バナナやバナナの皮独特のコミカルさも大きな要因と思われる。

バナナには滑稽なところがある。りんごとオレンジはそうではない。古い続き漫画に出てくる、バナナの皮で足を滑らす場面は笑えた。

（L・ブラウン『猫はバナナの皮をむく』七五頁）

現実からフィクションへ

マナー向上を訴えたり清掃活動に当たったりした人たちがいたにもかかわらず、転倒事故はなかなかなくならなかった。以下も海外のウェブサイトから。(2)

果物の皮ですべって足を骨折

昨日午後、リヴィングストン通り二一三のメアリー・ハンロン三十八歳がアトランティック大通りからホイット通りに車で入ろうとしたところ、バナナの皮ですべって路上に投げ出され、右足を複雑骨折、ブルックリン病院に搬送された。

（『ブルックリン・スタンダード・ユニオン』紙、一九〇六年五月二十八日付）

そこで、果物の皮のポイ捨てを法規制しようとする動きが各地で現れた。たとえばノースカロライナ州シャーロットでは一八九九年、公共の場所で唾を吐いたり果物の皮を捨てたりした者に十ドルの罰金を課す条例が作られた。

本日、唾の吐き捨てを禁止する新条例がバナナの皮のポイ捨てを禁止する新条例とともに施行される。以前のバナナの皮条例は守られることがなかったため、何人かの人々がひどい転倒事故を起こした。市民は街がより清潔になることに期待されたし（この条例は、すでにこの法律を可決したアトランタと他の南の都市に倣っている）。

（『シャーロット・オブザーバー』紙、一八九九年七月一日付）

また一九〇八年、ミズーリ州カークウッドの新聞『カークウッド・タブレット』ではゴミ問題を取り上げた文章の中でバナナの皮の危険性を指摘している。

市会議員は行動を起こして、通りにゴミ箱を設置し、ゴミはゴミ箱に捨てるよう義務づけた条例を可決すべきである。一部の人は路上になんでもポイ捨てしてしまう。バナナの皮は歩道に捨てられると危険であり、通りを飛んでいく新聞紙は街が散らかっていることを強く印象づける。

（『カークウッド・タブレット』紙、一九〇八年七月四日付）

こうして街の深刻な問題となったバナナの皮による転倒事故が、ユーモアを交えて文学作品や漫画に取り上げられるようになるまでにはそれほど時間がかからなかった。「反オレンジの皮・バナナの皮協会」の結成から十二年後のニューヨークの雑誌に、

「ザ・リトル・バナナ・ピール」（ロバート・J・バーデット）という詩が掲載された。バナナの皮自らが自分の仕事をユーモラスに語っている。

金の延べ板のように　私は夏の太陽の下できらめく
私は小さいけれど　きっと一トンの大男だって投げ飛ばせる
私は大胆な挑戦なんてしないし　自慢したりしないけれど　私を踏みつけた愚か者
彼は生まれてこなければよかったと思うだろう
〔……〕
私は血のように赤い生まれながらの共和主義者
そして恐れ知らずの虚無主義者
頭に冠を乗せた人でも　私はそのプライドを打ち砕く
その誇らしげなかかとが私の上に置かれたのなら
（『ハーパース・ニュー・マンスリー・マガジン』誌、一八八二年十二月付）

しかし、一九〇六年に刊行されたG・リッチモンドの小説『ザ・セカンド・ヴァイオリン』では、少年が置いたバナナの皮のせいで女性が階段から転落し、医者を呼ぶ騒ぎになる。笑いの要素はない。当時、「バナナの皮ですべって転ぶ」はまだコミカルさとシリアスさが相半ばしたものだったのだろうか。

「君があの階段の上にバナナの皮を置いたんだね？」。ランスは半ば叫んでいた。

「はい」

「ちょうどあの一番上から……ディーリアがついこの間の冬に一度ならず階段から落ちてほとんど首を折りそうになったのは、ただ階段が急で狭かったからだ」

ジャストはうなずいた。

「そして君自身、一度バナナの皮ですべった。そしてそれを置いていった人を打ちのめしたかったんだ！」

ジャストのあごは低く低く沈んでいった。

こうして「バナナの皮はすべる」というイメージは二十世紀初頭までに人々の既成概念となって定着した。それは当時すでに〝banana skin〟や〝slip on the banana skin〟という言葉が慣用句的に用いられていたことからも分かる。たとえば、父親から息子に宛てた架空の手紙をまとめたG・ロリマーの『オールド・ゴードン・グラハム』（一九〇四）では、〝banana-skin〟が「落とし穴」「失敗の元」といった意味で使われている。そこから一節を引用しておく。

人の上に立つ者の多くが踏んでしまう最初のバナナの皮は、人気を得たいという願望だ。もちろん、お前の名前が口にされるとすべての人々が立ち上がり喝采を送る、それはすてきなことだ。しかし、そんなことは死ぬまでほとんどありえないだろう。おだてたり好意を寄せたりすればある種の人気を得ることはできる。しかし、お前は正義以外の尊敬を勝ち取ることはできない。そして、それは得るに値する唯一の人気なのだ。

そして伝説へ

「転ぶ」は動きによる笑いの中でも、最も基本的で素朴なものの一つである。二十世紀を迎えるまでに、舞台芸人やサーカス芸人がバナナの皮ですべって笑いを取っていたとしても不思議ではない。しかし、その確認は難しい。「バナナの皮ですべって転ぶ」がはっきりとギャグとして認識されるようになったのは、一八九五年に映画という視覚芸術が生まれ、喜劇映画というジャンルが発達し、製作者たちが笑わせどころとしてのギャグ作りに積極的に取り組み始めたころからではないだろうか。

バナナの皮による転倒事故は、現実世界においては必ずしも笑いごととはいえない。

新聞では事件・事故としてシリアスさを交え、活字によって間接的に報じられる。しかし、喜劇映画においては実際の転倒の様子が映像によって直接的にリアルに伝えられるにもかかわらず、シリアスさはない。虚構の事故であり、しかも喜劇的文脈の中で語られるため、コミカルさのみが抽出され強調される。こうして「バナナの皮ですべって転ぶ」という構図は人々の目にギャグとして焼きつき、そのまま定着していったのだろう。

短篇映画『バナナ・スキンズ』が作られた二十世紀初頭のイギリスでも、アメリカと同じような事情があったものと思われる。イギリスでバナナの輸入が本格化したのは一九〇〇年前後。アメリカ同様、そのころからバナナの皮ですべる人が続出しはじめたようだ。次の記事は、そんな事故の一つを報じたものだ。

図42　B・フィッシャー，*The Mutt and Jeff Cartoons Book 2*, The Ball Publishing Co., 1911 より。「マット，メキシコの福の鳥，フクロウのおかげでおれたちの運は上向いてきているに違いないぜ，こいつはかわいいしな」「おれはこいつのツラが気に入らないね」

> サドベリーのノース通りでF・レフリー氏がバナナの皮ですべり、転倒した衝撃で足を骨折した。
> （『サフォーク・アンド・エセックス・フリー・プレス』紙、一九〇五年

十一月二十九日付）

その後、バナナの皮ギャグは複数の創作物に繰り返し現れることで人々の日常生活の中に着実に根づいていき、人間社会の常識の一つにまでその存在感を高めていった（前頁図42）。バナナの皮ギャグが映画や漫画においてコミカルさを増し、ギャグとしての純度を高めていく一方、バナナの皮による転倒事故本来のシリアスさや現実味は次第に失われ、また実際の転倒事故そのものも減少していくのである。

時は流れて二十一世紀。バナナの皮による転倒事故は数ある転倒事故の中でも大変なレアケースとみなされ、バナナの皮ですべった人に対しては「まるで漫画みたい」「ギャグを地で行くなんて」といった評価が下される。しかし、ことの起こりはその逆だったのである。

十一房め　バナナの皮の罪と罰

二〇〇三年十一月、ジョン・キャンベルはイギリスのケント州で車の窓からバナナの皮をポイ捨てしたところを見つかり、五十ポンド（約一万円）の罰金刑に処された。

二〇〇五年五月、アンドリュー・シェパードは同じくイギリスのエセックス州でやはり車の窓からバナナの皮をポイ捨てしたとして罰金五十ポンドの支払いを求められたが、彼はこれを拒否して裁判に発展、翌年十月に無罪を勝ち取った。

バナナの皮のポイ捨てとは、ゴミを路上に捨てる行為、そして危険物を放置する行為。してはならない行為であることはいうまでもない。しかし現実には、バナナの皮を平気でポイ捨てする加害者も、バナナの皮ですべる被害者も、ともに絶滅してはいない。バナナの皮のポイ捨てを禁止することはいまでも意義があるのである。

今日のアメリカと日本において、バナナの皮のポイ捨てはどのように法規制されているだろうか。

バナナの皮ポイ捨て禁止令の現在

アメリカでは、国の憲法である合衆国憲法、国の法律である連邦法の他にも、五十ある各州が固有の憲法や法律を有する。その下にはさらにたくさんの条例がある。このように、アメリカには星の数ほどの法令が存在する。では、その中にバナナの皮のポイ捨てを禁じたものはいまでもあるだろうか。

オンラインで公開されているアメリカ各地の条例から、(1) 条文中に「バナナの皮」を含むものをいくつか探してみよう（二〇一七年十一月現在）。

アイオワ州スー市

第八章第二十四条第二百項　歩道への果皮のポイ捨て

何人も、オレンジ、バナナ、リンゴその他の果皮を市の歩道に投げ捨て、または放置してはならない。

イリノイ州ハイランドパーク市
第百三十章第六十条　歩道へのバナナなどの果皮のポイ捨て
何人も、ハイランドパーク市の歩道にオレンジ、バナナその他の果物の皮を投げ捨て、または放置してはならない。

ウィスコンシン州ライツタウン村
第百三十五章第八条　ポイ捨て
（a）何人も、紙切れ、布切れ、空き缶、ピーナツの殻、メロンの皮、バナナの皮その他の生ゴミ、枯れた花その他のゴミを、公園や公園道路の、ゴミ回収容器の中以外の場所に散乱させ、落とし、または放置してはならない。

カリフォルニア州ナパ市
第九章第十二条第三十項　公共の場所の歩道のすべりやすいゴミ
何人も、バナナの皮、オレンジの皮その他いかなるものも歩行者がすべる可能性のあはならない。

るあらゆる歩道または公共の建物、公共の乗物の階段、入口または床面に投げ捨てては
ならない。

ノースカロライナ州ブロードウェイ町

第九十四章第一条　路上におけるゴミのポイ捨ておよび焼却

いかなる紙、藁、レモンの皮、バナナの皮、スイカの皮その他いかなる種類のゴミも、町の歩道や通りに投げ捨て、または掃き集めてはならず、またいかなるゴミも燃やしてはならない。

意外にも、バナナの皮のポイ捨てを禁止する内容の条文は複数の地域で、現役の状態で見つかった。いずれもバナナの皮だけを禁じた条文ではないが、メロンの皮やピーナツの殻まで例示されていてかなり細かい。こうした条例について、住民たちはどう思っているのだろうか。

マサチューセッツ州ケンブリッジ市

第十二章第十六条第百項　果皮のポイ捨て

（b）何人も、歩道に置かれている灰その他の家庭のゴミの入った箱や樽を故意に悪

意をもってひっくり返して散乱させてはならない。何人も、歩道や横断歩道にバナナの皮、オレンジの皮その他のすべりやすいものを投げ捨て、または放置してはならない。

一九九八年七月二十六日付『ケンブリッジ・シヴィック・ジャーナル』では、「市条例から見つけた面白い事実」と題してこの条文を紹介している。どうやら、存在すら知られていなかったらしい。(2)

カリフォルニアのホテルでオレンジの皮はむけるか?

もっとも、「バナナの皮はポイ捨て禁止」ぐらいで首をかしげていてはいけない。アメリカ各地にはそれよりはるかに意味不明の「おかしな法律」がたくさん存在するといわれ、多くの本やサイトで繰り返し紹介されてきた。いわく、「アラバマ州では日没前にピーナッツを買うと違法」「マサチューセッツ州では通夜の参加者はサンドイッチを三切れ以上食べると違法」「ミシガン州デトロイトでは浴槽の中で眠ると違法」「ノースカロライナ州では音痴な歌は違法」などなど。

G・ブクテルほか『万国奇人博覧館』は、古今東西の奇人変人の紹介に交じって「アメリカの法律」の一項を設けている。

ところでアメリカにはまだ、どう考えても存在理由の分からない法律や規則がいくつもある。その著『教会でピーナッツを食べてはいけないこと、その他の余り知られない法律』の中でバーバラ・スーリングは、そうした法律のいくつかはもともとイギリスから持ち込まれ、ピューリタン精神に基づいて中身が和らげられたものだと解説しながら、関連の法律リストをつくっている。〔……〕

もともと聖書の影響を色濃く受けたこれらアメリカの法律は、まさにその内容が細部にわたることを大きな特徴とし、たとえば婦人が帽子につけることを許されるリボンの長さを云々するなど、それこそありとあらゆることを取り決めている。またこれはぜひとも述べておきたいが、これらの法律は判事にその気さえあれば今でも現実に適用可能なものばかりで、そのことがまさに驚くべき滑稽さを生み出すのである。

（G・ブクテルほか『万国奇人博覧館』守能信次訳、筑摩書房、一九九六年、二九頁）

ここで書名が挙げられているB・スーリングの著書『教会でピーナッツを食べてはいけないこと』（一九七六、未邦訳）は、あちこちで流布している、アメリカの「おかしな法律」の元ネタの一つと思われる。ところが、著者のスーリングは一九七六年の時点で、「この本の中の法律のいくつかがすでに廃止されていることは疑いない。法律とは毎日のように廃止され制定されるものだ。ここには歴史の中で一度作られた事がある笑える法律のいくつかを挙げたにすぎない」と書いている。ということは、「おかしな法律」の大半は今日すでに存在すらしない可能性がある。

これら「おかしな法律」の一つに「カリフォルニア州ではホテルの一室でオレンジの皮をむくと違法」というものがある。これは『教会でピーナツを食べてはいけないこと』にも載っており、日本のある書籍（失念！）にも「事実」として紹介されているのを読んだ覚えがあった。カリフォルニアといえばオレンジの産地だが、そのカリフォルニアのホテルでなぜオレンジの皮をむいてはいけないのか？　そこで私はカリフォルニア州のあるホテルにメールを送り、この法律が実在するかどうか聞いてみた。その回答——。

Regarding your question, it is not illegal to peel an orange in a Hotel room in California or in any State, have a good day!!

ホテルの部屋でオレンジの皮をむくことは、カリフォルニアでもどの州でも違法ではありませんよ、良い一日を!!

「おかしな法律」を紹介した本やサイトのほとんどはその典拠となる元の条文を明示していないため、必要があれば自分で調べなければならない。その中で、J・クーンほか『蝶をいじめてはいけない！』（高瀬直美訳、ランダムハウス講談社、二〇〇四年）は、訳者が独自に調査して付記しているので、われわれが調べる際の参考になる。なお、同書では「アメリカのおかしな法律」を次の三つに分類している。

1　時代遅れな法律
昔は必要があって作られたが、いまでは時代遅れなもの。

2　青い法律（ブルー・ロー）
キリスト教における休息日である日曜日の存在意義を守るために制定されたもの。
「日曜日に〜してはならない」の類。

3　ご当地ならではの法律
「地域の特別な事情の上で合理的な目的を意図した法律」

ところで、「おかしな法律」はアメリカだけのものではない。なんでそんな法律をつくったのか、という違和感は、文化や宗教、風土の違いから生じている場合もあるし、現地の人々にあまりに倫理観が欠けているため、やむを得ず些細なことまで法律で規制しているという場合もあるだろう。たとえば、日本の各地で制定されている「路上喫煙禁止条例」も、よく考えるとかなり「おかしい」が、二〇〇二年に千代田区が全国で初めて罰則を付して以来、多くの自治体がこれに倣っている。人通りのある場所でタバコを我慢しなければならないのは当たり前だが、現実にはそう思わない人が多かったために、わざわざ罰則つき条例を作らなければならなくなったのである。「だって法律で禁止されてるわけじゃないんだから、いいじゃない」という人がいる限り、「おかしな法律」がこの世からなくなることはない。

あなたの捨てたバナナの皮でけが人が出たら

では、日本でもバナナの皮をポイ捨てするとやはり法に触れるのだろうか。

ここで、次のようなケースを想定してみよう。ある日の朝、寝坊したあなたは遅刻しそうだったので、あとで食べようと思って一本のバナナを手に家を飛び出した。途中、空腹に耐えられず、走りながら皮をむいてほおばった。食べ終わると皮がじゃまになったが、近くにゴミ箱が見当たらなかったので「まあ土に戻るんだしいいや」と思い、道ばたにポイ捨てした。その直後、後ろを歩いていた人がその皮を踏んで転倒、足首を押さえてとても痛がっている。さて、あなたはどのような罪に問われるのだろうか？

1　バナナの皮をポイ捨てした罪

ポイ捨てはいうまでもなくマナー違反である。また、複数の法律で禁止されている。たとえば、廃棄物処理法（廃棄物の処理及び清掃に関する法律）では「何人も、みだりに廃棄物を捨ててはならない」（第十六条）とし、違反者は五年以下の懲役または一千万円以下の罰金に処される。また、軽犯罪法では「公共の利益に反してみだりにごみ、鳥獣の死体その他の汚物又は廃物を棄てた者」（第一条第二十七号）は拘留または科料に処される。なお、拘留とは一日以上三十日未満の身柄拘束、科料は千円以上一万円未満の財産刑である。空き缶や吸い殻などのポイ捨てを独自の条例で禁止している自治体も少なくない。

さらに、バナナの皮がすべりやすいものであることを考慮すると、あなたは軽犯罪法における「相当の注意をしないで、他人の身体又は物件に害を及ぼす虞のある場所に物を投げ、注ぎ、又は発射した者」（第一条第十一号）に該当することになる。

その害は直接的であると間接的であるとを問わない。バナナの皮をコンクリート道路に投げ棄てて通行人のすべつて転ぶことが予想される場合などが間接に危害を及ぼす例である。

（福原忠男・柏木博『軽犯罪法解説』三芳書房、一九四八年、五二頁）

ただし、軽犯罪法に違反したからといってその場でただちに逮捕されることは、通常はない。軽犯罪法は「この法律の適用にあたつては、国民の権利を不当に侵害しないように留意し、その本来の目的を逸脱して他の目的のためにこれを濫用するようなことがあつてはならない」（第四条）とし、その濫用を自ら戒めている。いずれにせよ、違法性の軽微さなどからいって、バナナの皮のポイ捨てだけで処罰を受ける可能性は低い。しかし、その結果、けが人が出たのなら、話は別である。

2　バナナの皮でけがをさせた罪

弁護士の近藤康二によると、バナナの皮で人にけがをさせた罪の重さはポイ捨てしたときの心理状態によって異なるらしい。

まず第一が傷害罪。これは三つのなかではいちばん重い罪になる。

バナナの皮を捨てたとき、案外こんなことで滑って転ぶまぬけな人がいるものだし、ころべばコンクリートの道路だから、きっとケガをするだろうな。ま、いいか。

ポイッ。ざっと考えて、こういう心理状態だったとしたら、「未必の故意」として傷害罪になる可能性がある。

二番目が過失傷害罪。中くらいの罪だ。

もしかしてこんなことで人が転んじゃうとこまるけど、まあ、そんなドジな人もいないだろう。ポイッ。このような心理状態だったとしたら、「認識ある過失」で過失傷害罪になる可能性がある。

第三のケース。これも過失傷害罪だが、三つのなかではいちばん軽い。

いまどき、バナナの皮で転ぶなんて、コメディアンでもやらないよな。そんなアホな人がいるはずがない。ポイッ。このような心理状態だったら、「認識のない過失」としての過失傷害罪になる可能性がある。

（『あなたを救う法律知識』河出書房新社、一九九九年、一三〇—一三一頁）

では、あなたはそのまま逮捕されてしまうのだろうか。あるテレビのバラエティ番組では、次のような判断を示している。

〔……〕この「過失傷害罪」は「親告罪」であるから、警察官が駆けつけてきて即刻逮捕されるなんてことはない。つまり、「親告罪」というのは、被害者の告訴がないと検察官が公訴できない犯罪のこと。これは、犯罪の程度が比較的軽いものや、あるいは強姦罪などのように被害者の意思に反して公訴することで被害者のプライバシーを侵害したりなど、かえって不利益になるような犯罪に対して規定されているものだ。

（行列のできる法律相談所編『㊢役立ち法律大事典』日本テレビ放送網、二〇〇二年、一九三頁）

なおこのような場合、軽犯罪法第一条第十一号は傷害罪や過失傷害罪に吸収される形となり、適用されないらしい。

どんなに些細な行為でも、そこから重篤な結果が生まれないとは決して断言できない。あなたがほんの軽い気持ちでポイ捨てしたバナナの皮であっても、そのためにけが人が出たのなら、あなたはれっきとした加害者であり、その責任から逃れることはできないのである。

十二房め　ストップ・ザ・スリップ

二〇〇六年一月、オーストラリアでスロヴェニア移民のイヴァンカ・ペルコが七十三歳で死去した。

ナチスやユーゴスラヴィア共産政権の時代を生き抜いてきた彼女はある日、バナナを食べようとして足の上に落としてしまった。高齢で病気を患っていた彼女の皮膚は極度に繊細な状態だったため、その時のすり傷がもとで合併症を起こし死につながったのである。

友人の一人は次のように語ったという。「ユニークで実りある（fruitful）人生にふさわしい終わり方だと思います」

一方、インドネシアでは二〇〇九年一月、スラウェシ島沖でフェリーが転覆、二百人以上が行方不明になった。数少ない生存者のうち、ルディ・アルビアンとムハマド・ユスフの二人はバナナの房につかまって海を漂流し、救助されるまでの間、命をつないだという。

喜劇映画やギャグ漫画においてバナナの皮ですべった人を笑うことができるのは、初めからそれがギャグでありフィクションだと分かっているからである。しかし、実際にバナナの皮ですべった人を目の前にして、笑えるとは限らない。

デパートなどで配られる雨傘用のビニール袋。雨の日には店の内外に落ちているのをしばしば見かける。ほんの軽い気持ちでその場にポイ捨てされたものだろう。捨てた人はそれきりきれいさっぱり忘れてしまったに違いない。あるいは、本人が気づかないうちに傘から抜け落ちてしまったのかもしれない。しかし、捨てられたビニール袋はその場にいつまでも残り、不特定多数の人々を危険にさらし続ける。そして、シリアスな転倒事故も実際に起こりうるのである。

ポイ捨てがいけないのは、マナー違反だから、法律違反だから、というだけではないのだ。

バナナの皮で事故

二〇〇三年十二月、漫才コンビ「ますだおかだ」の岡田圭右がテレビ番組の収録中にバナナの皮で転倒、右腕を骨折したと報じられた（ただし、すべったのはバナナ本体のせいだ、という説もある）。岡田本人にとっては笑いごとではなかったかもしれないが、この事故は彼が芸人だったこともあり、ほとんどの人が笑いごととして受け止めたようだ。

自分がバナナの皮ですべった、あるいはバナナの皮ですべった人を目撃した、という体験を報告したブログをたまに見かける。すべった人はたいてい無傷またはほんの軽傷ですんでおり、ほとんどがやはり笑い話としてつづられている。なかには、バナナの皮ですべって右足を骨折、医師の診断書にも「バナナの皮により」と書かれ、保険金まで下りたという人もいる。ここまではまだ笑える。しかし、頭蓋内出血で一時意識不明になったという人もいる。命にかかわるレベルになると、もう笑えない。

バナナの皮による事故は、公的行事の最中にも起こりうる。たとえば、マラソン大会。一九八四年のロス五輪で注目されて以来、バナナはスポーツ選手の最良のエネルギー源の一つとして試合の前後に広く食されてきた。現在も、マラソン大会の沿道でバナナが配られる光景は珍しくない。しかし、バナナを食べ終えたランナーがそのまま皮を路上にポイ捨てした場合、後続のランナーが危ない。次の文章は、漫才コンビ「浅草キッド」の水道橋博士が、「東京マラソン二〇〇七」に参加した時の目撃談である。

皇居を周るコースも爽快だった。沿道の声援に囲まれ、そして、ボランティアスタッフが水やバナナを配ってくれる。ちなみに、この日、用意されたバナナは実に四万二〇〇〇本であったとか。こんなに多くの路上に捨てられたバナナの皮を見たのは、初めての体験だ。バナナの皮というお笑い的に絶好のアイテムも、「今日だけはお約束は勘弁！」と走り抜けた。

（水道橋博士『筋肉バカの壁』アスペクト、二〇〇七年、一四一頁）

以前、マラソンランナーがバナナの皮で転倒する場面のある医療保険のコマーシャルがあったが、個人のブログなどを読む限り、マラソン大会の最中にバナナの皮を踏んで尻餅をついたり足をねんざしたりする人は決して少なくないようだ。

また、次の記事によると、一九六〇年に開催された熊本国体の自転車競技のロードレースにおいて、バナナの皮による事故が発生、レース結果に影響が出たらしい。

地元勢応援のため、沿道を群衆が埋めた松橋町の国道三号で先頭がバナナの皮に滑って落車。二、三位の好位置にいた松本〔秀房〕さんも巻き込まれて転倒、自転車破損で棄権となった。

（『西日本新聞』朝刊熊本版、一九九八年四月三十日、一四面）

バナナの皮による事故が間接的に別の重篤な結果をもたらすこともある。たとえば、元プロボクサーで俳優の赤井英和の『人生さだかやない』（朝日新聞社、一九九五年）には、バナナの皮ですべって足を負傷したのがきっかけで、最終的に自分の弁当屋の支店を一つ失うはめになった男の実話が紹介されている。

バナナの皮で死去

最も笑えない例として、「バナナの皮ですべり、打ちどころが悪くそのまま死亡」というケースが考えられる。瓦が落ちてくるよりもつまらない死に方であり、また死因の公表がためらわれるような悲喜劇的な死に方といえる。いかにも冗談めいた死に方であるかにみえて、しかしそこには奇妙なリアリティがある。転倒死というものが存在する以上、バナナの皮ですべって死ぬ可能性を否定することは誰にもできないのである。この点、「豆腐の角に頭をぶつけて死亡」とは大きく異なる。たわいもない下らない笑いである反面、人間にとって最大の禁忌である死の危険さえはらんでいるこの下らなさと禍々しさの両面性は、バナナの皮ギャグを単なる絵空事ではない一本筋の通ったものにしている。

では、バナナの皮で転倒死した人は果たして実在するのだろうか。

1 アンナ・ホープウェル

欧米各地のユニークな墓碑銘を紹介した複数のインターネット・サイトで取り上げら

れている、アンナ・ホープウェルという女性の墓碑銘。これはアメリカのヴァーモント州にあるという。文面通りだとすると、彼女はバナナの皮で転倒死した人物ということになる。

ここに眠るはわれらのアンナ
死をもたらしたのはバナナ
彼女を横たえたのはその実にあらず
皮が彼女を逝かせたの

残念ながら、前に紹介した書籍『バナナナス』によると、この墓碑銘はこれまでの調査では見つかっておらず、実在は疑わしいそうだ。

2　ボビー・リーチ

こちらは実在の人物。ナイアガラの滝下りに挑み生還するが、バナナの皮ですべって死去した異色の人物として取り上げられることがある。

リーチという男は、一九一一年に、タルに入ってナイアガラの滝を落下した。全身骨折に近かったが、命はとりとめた。
世界一周の講演旅行に出かけたが、ニュージーランドでバナナの皮をふんでころんだ。そして、そのけがの併発症で死亡した。
（I・アシモフ『アシモフの雑学コレクション』星新一訳、新潮文庫、一九八六年、三〇五―三〇六頁）

残念ながら、実際にリーチが踏んだのはバナナの皮ではなくオレンジの皮。なお、彼の墓碑銘にはナイアガラの滝での偉業は記されているが、死因には特にふれられていない。

彼ら二人の死因はバナナの皮による転倒ではなかったようだ。しかし、世界は広く人類の歴史は長い。バナナの皮が原因で死んだ人などいないとは誰にも断言できないのである。(1)

バナナの皮で訴訟

バナナの皮ですべってけがをした人が訴訟を起こす。嘘みたいな話だが、しかしこちらは実話である。

アメリカでは、店内や路上ですべって転倒し、けがをした人が管理者などを相手取って起こす訴訟を“slip and fall case”という。“banana peel case”という言い方もある。ずばりバナナの皮が原因となった訴訟も、少なくとも二十世紀初めごろから何度も起こされているようだ。

〔不法行為法の〕代表的なのは、一連の「バナナの皮事件」と呼ばれるものである。スーパーマーケットの通路に落ちていたバナナの皮を踏んで、客が転び、怪我をした、スーパーマーケット側に損害賠償の責任はあるか、というのがもっとも基本的なパターンである。時に落ちていたのがレタスの切れはしであったり、こぼれた水であったり。また転んで怪我をした人が「床滑りやすし、注意」という警告状を見ていなかったり、老人であったり。あるいはスーパーマーケット側が五分ごとに床をモップで拭いていたと主張したり、千差万別の形がある。

（阿川尚之『アメリカン・ロイヤーの誕生』中公新書、一九八六年、九三頁）

近年でも、たとえば日刊紙『クリスチャン・サイエンス・モニター』の二〇〇〇年二月十六日付記事、「バナナ・ピール・ロースーツ：ビヨンド・スラップスティック」は、フロリダ州における一九九二年と九五年の二件の訴訟を紹介している。どちらも店内に落ちていたバナナの皮ですべってけがをした買い物客が店側を訴えたものである。しかし、アメリカでは店を構えているわけではない一般人にとっても、「バナナの皮事件」は他人事ではない。次の事例は、なんと民家の前に落ちていたバナナの皮ですべった人がその家の住人を訴えたものである。

だれかがA家の前の通りに、ちょうど食べ終わったバナナの皮を落として行った。そのあとで通りがかったひとのひとりが、うっかりそれを踏んでころんだ。そして頭をちょっとすりむいた。するとこの男は、A君を相手どって損害賠償を請求して訴えた。そして、こうしたばあい、まちがいなく訴えられたほうが負ける。例にもれず、A君は損害賠償をさせられた――。

(松下幸之助『若さに贈る』PHP文庫、一九九九年、一八六―一八七頁)

A君はなぜ訴えられ、そして負けたのか。それは、A君が家の住人として当然に果たすべき義務、つまり他人にけがを負わせないように自分の家の前をきれいにしておく義務を果たさなかったからだという。この引用の前後で〝経営の神様〟松下幸之助は、こうした厳しさを当然のものとする精神こそが、真の「民主主義」であると説いている。

もっとも、「訴訟大国アメリカ」という言葉があるように、アメリカには民主主義の精神などまるで関係ないようなおかしな訴訟が多いのも事実である。そこには、弁護士の数が多く訴訟への敷居が低いこと、国民皆保険制度を持たないため個人の医療費負担が高いことなど、アメリカという国ならではのさまざまな要因が背景にあるようだ。

なお、昔のアメリカには、自分で用意しておいたバナナの皮を使って駅の構内や列車の中ですべり、鉄道会社から損害賠償を騙し取ろうとした自作自演の転倒者までいた。当たり屋ならぬすべり屋とでもいうべき彼ら"banana peelers"には、一九二〇年代初めのF・E・コールドウェルという人物のように何度も成功した者もいれば、監獄行きになった者もいる。その歴史は映画より古く、一八九四年には早くもジェニー・フリーマンという女性がバナナの皮のせいですべったと主張している。フリーマン家は一家ぐるみで事故を装い金を受け取る行為を繰り返していたという(2)。

転ばぬ先の……

三大喜劇王の一人バスター・キートンは転倒のプロで、そのフォームは非常にきれいだった。しかし、彼の弟のハリーは「道で転んだ拍子に頭を骨折し、八十三歳で死去」している（『バスター・キートン自伝』三七五頁）。また、先のボビー・リーチは、オレンジの皮ですべったとき六十九歳だった。

転倒事故は、体が衰えていれば、あるいは打ちどころが悪ければ、死に直結しかねない。特に高齢者にとっては、ちょっとした転倒が命取りになりかねない。高齢者は心身機能の低下によりもともと転倒しやすいうえ、骨がもろくなっているために骨折しやすい。たとえ骨折が治っても、そのまま寝たきりや認知症の発症に至ることが少なくない。厚生労働省の人口動態調査によると、二〇〇七年に日本で転倒・転落死した人の数は六千九百五十一人、うち「スリップ、つまづき及びよろめきによる同一平面上での転倒」による死者は実に四千百十四人にのぼる。転倒死は決して珍しい死に方ではないのである。

今後、高齢者人口の増加にともなって転倒事故がますます増加していくことが予想されている。国土交通省国土技術政策総合研究所は二〇〇七年七月、公共の場所での転倒・転落死者が二〇二七年には年間五千人を超えるとの推計をまとめたが、ここで河野守建築品質研究官は次のように語っているという。「死者を減らすには建造物側の安全性も向上させなければならない」(『中国新聞』夕刊、二〇〇七年七月五日付記事「転倒・転落死　20年後倍増」ほかによる)。

転倒事故を防ぐためには、まずは本人が気をつけることが第一である。しかし、転倒事故は本人の責任だけで起きるとは限らない。転倒事故を起こさない環境作りもまた大切である。転倒事故がいつでもどこでも起こりうるものである以上、事故防止の環境作りには地域ぐるみ、国ぐるみで取り組む必要がある。

転倒防止のための施策として、たとえば現行の介護保険制度では段差の解消やすべりにくい床材への変更など一部の住宅改修工事に対し、二十万円を上限として工事費の九割を支給している。また、バリアフリーやユニバーサルデザインを体現した社会の実現をめざす法的整備も進められている。一九九四年には公共施設のバリアフリー化を目的とした「高齢者、身体障害者等が円滑に利用できる特定建築物の促進に関する法律」（ハートビル法）が、二〇〇〇年には公共交通機関のバリアフリー化を目的とした「高齢者、身体障害者等の公共交通機関を利用した移動の円滑化の促進に関する法律」（交通バリアフリー法）が、二〇〇六年にはこれらを統合した「高齢者、障害者等の移動等の円滑化の促進に関する法律」（バリアフリー新法）が制定された。同法では公共施設の通路などについて「表面は、粗面とし、又は滑りにくい材料で仕上げること」と規定している。さらに、全都道府県において「福祉のまちづくり条例」「人にやさしいまちづくり条例」などと呼ばれる条例が制定されているほか、市町村単位で同様の条例を設けているところもある。

福祉におけるこうした法的整備やPL法（製造物責任法）の施行などを背景として、今日では企業・施設側の安全管理責任がより厳しく問われるようになってきている。たとえば、コンビニの濡れた床で転倒し負傷した人の裁判では、一審では敗訴したものの二審で逆転勝訴、管理会社に約百万円の支払いを命じる判決が二〇〇一年に出ている。

図43　真船一雄『K2』4, 講談社, 2006, p.192

また、駅ビルの濡れた床で転倒し障害が残った人の裁判では、駅ビル会社に約二千二百万円の支払いを命じる判決が、同じく二〇〇一年に出ている。このように、転倒者の自己責任とするのではなく管理者側に非ありとする判決が日本でも増えている。

しかし、どんなに法整備が進みハード面が充実しても、それだけでは転倒事故は防げない。図43の漫画のように、入院中の少年がしかけたバナナの皮のせいで、妊娠中の母親が転倒してしまった、という例もある。せっかくすべりにくい床材を使っていても、その上にすべりやすいものを放置する人間がいるのでは意味がないのだ。

事故を起こすのも防ぐのも、私たちの心がけ次第である。バナナの皮のポイ捨てなどもってのほかなのだ。もしあなたが道ばたでバナナの皮を見かけたら、誰かがすべってしまう前に拾い上げて近くのゴミ箱に捨てるか、人が通らない道端の方にでも蹴飛ばしてほしい。

バナナの皮で転倒する人を現実世界で発生させてはならない。

十三房め　バナナの皮のモラル

「トーストくわえて遅刻遅刻」状態ののび太が、落ちていた空き缶で転んで水たまりにダイブ、服を濡らして遅刻してしまう。

憤慨するのび太にドラえもんが出したのは「ゴム・カム・カンデー」。これを食べた人がゴミをポイ捨てすると、ゴミ箱にきちんと捨てるまでそのゴミに追い回されるという。

バナナの皮をポイ捨てしたジャイアンを見かけたのび太とドラえもん、さっそくジャイアンに「ゴム・カム・カンデー」を食べさせると、バナナの皮は生命を得たごとく動き回り、ジャイアンを自らすべらせて腰振りダンスで挑発する。ジャイアン、「バナナの皮のくせにオレ様をどうする気だ」と怒るものの最後はズタボロ、ようやくしおらしくバナナの皮をゴミ箱へ。

これはバナナの皮自身が人をすべらせる稀少な例である。二〇〇四年四月二日放映『ドラえもん』スペシャル番組のアニメオリジナル作品。現在は『ドラえもん　テレビ版スペシャル特大号　夏の巻6』（DVD）に収録されている。

バナナの皮ですべる人がいるのは、バナナの皮をポイ捨てする人がいるから。バナナの皮ギャグはモラルの欠如から生まれたものだといえる。バナナの皮ギャグは進化・深化を続け、お約束ギャグとしてギャグの殿堂入りを果たした。でも、それを生み出した人間の心は変わらないままなのだろうか。

バナナの皮のポイ捨ては戦前から

よく「最近の若者はマナー意識がない」「近ごろ、社会のモラルが崩壊しつつある」などと嘆く人たちがいるが、それは何も昨今に限ったことではない。公徳心のない人は戦前の日本にも大勢いた。彼らの存在は何度も新聞や雑誌で取り上げられ、問題視されていた。

敗戦直後に至るまでのいくつかの例を、バナナの皮を通して瞥見してみよう。

鉄道院では鉄道に関する知識の普及を図る為め、鉄道に関する活動写真を撮影することになりたるが〔……〕一般乗客が余りに鉄道に関する知識がないのと、中には公徳心に乏しい人もあるのでかう言ふ人達の注意を促す為めに作つたもので、〔……〕映画の一端を洩らすと車内に腰を掛ける所がなくて立つて居る人があるのに、長々と寝て居る客があるので、ボーイが起すと、故意に毛布を払ふて周囲の客に塵埃《ちりほこり》をかぶせるところや、バナナの皮を窓へ投げやうとして向側の客の顔に当《あて》たり、便所の手洗水の口を開けたまゝで出て行く客なぞは無論映画中のものである。

（「汽車乗客の公徳心」、『読売新聞』朝刊、一九一八年七月十日付、五面）

追々避暑客で賑ふ汽車の中で無遠慮に野性を発揮する人が沢山ある。常に坐席を譲られる婦人までが先取権の縄張を大きくして懐中鏡でお化粧などして居る。イクラ顔を奇麗にしても心の野卑なのが直ぐ判る。泥下駄を穿いたまゝの足を抛《な》げ出しバナ、の皮、弁当殻などを通路に投げる紳士？が道徳論に花を咲かせて居るのは笑止千万

（北沢楽天「公徳心のない人達」、『時事新報附録　時事漫画』一九二一年七月三日号、一面）

日本の鉄道からまづ述べませう、日本の鉄道は発着時間の正確なこと、、車体が小さい割合に速力のはやいことで世界一です、〔……〕この上は、一般の旅客が気をつけ合つて車内を汚さないよう《ママ》、例へばむやみに唾をしたり、バナナの皮を放つたりしないよう《ママ》になれば、一層いゝ鉄道になります

（「世界鉄道お国自慢集」、『神戸又新日報』一九三五年六月二日付、八面）

〔……〕先だつて厚生大臣も仰しやいましたが、鉄道の不潔、紙屑を捨てる、バナナの皮を捨てることはもう普通のことになつておる。ああいうことは昔から、二十年も三十年も前からどういうふうにどこに箱を拵えたらいいか論せられたのでありますが、誠に不愉快でございます。

（第一回国会参議院厚生委員会第五号、一九四七年八月六日、発言者は小杉イ子《ネ》）

バナナの皮一つとっても、モラルは低下するものではないことがよく分かる。悪いのは常に本人である。時代ではない。

笑いと余裕

理屈を説いても、あるいは頭ごなしに叱りつけても、もともとマナー意識のない人の心には大して響かないのだろう。「法律は最低のモラル」というが、彼らには法律を盾に脅すしかないのだろうか。それ以外の道をさりげなく示してくれているのが、『サザエさん』に登場する一人の老人である。次の問題は、大阪府の高校入試で実際に出題されたもの（次頁図44）。

図44　長谷川町子『長谷川町子全集13』，朝日新聞社，1997，p.198

次の四コマ漫画を読んで、その三コマ目にある「もし、てぶくろがかたほうおちましたよ」ということばについて、この人はどうしてこのような言い方をしたのか。簡潔に説明しなさい。

（大阪府公立高・国語　平成八年度［専門・総合］より）

路面に落ちているバナナの皮は、左の男がポイ捨てしたものなのだが、ここでポイントとなるのは、老人がバナナの皮を手袋に見立てた点だけではない。老人は男のポイ捨てを直接とがめるのではなく、男が拾いやすいようにわざとバナナの皮を手袋と間違え、穏やかに自分の非を気づかせようとした。そうした老人の真意と思いやりが通じたからこそ、この次の四コマ目で、男は赤くなりながら素直にバナナの皮を拾うのである。

このように、理づめで訴えるよりも風流心やユーモアなど感性に訴えた方がマナー向上に役立つことがある。イギリスのある都市ではガムの吐き捨て対策として有名人の顔写真を並べ、「ここにガムをくっつけましょう」と呼びかけたポスターを街のあちこちに張ったところ、被害が減少したという。また日本では、不法投棄の絶えない場所に桜並木や花壇を整備する取り組みが各地で一定の成果を上げている。

道路の両わきに作られた花壇は、一見意味のない無駄なもののように思える。しかし、そこに美しく咲く花々は、イライラしながら道を急ぐドライバーたちの気持ちに多少なりとも心の余裕を取り戻させてくれる。不法投棄をしに来た人にとっても、花壇の存在は同じように心に響くものがあったのだろう。

ドライバーは安全運転を心がけることによって、歩行者や他の車の安全だけでなく自分自身の安全をも確保できる。同じように、他人に配慮してマナーを守れる人は、その心の余裕の分だけ自分自身を守っていくことができる。心の余裕は、とげとげしさややましさとは無縁の気持ちの良い人生を送るために必要なものだから。

心に余裕のある人は、余裕をなくした人を救うこともできる。こんな逸話がある。電車の中でいつまでも泣き止まない赤ちゃん。その時、一人の女性が赤ちゃんの母親に話しかけた。「寝つけないのかしらね」「すみません」「何言ってるの、一番つらいのはあなたじゃないの」。その瞬間、ピリピリしていた車内の空気が一気に和んだという。どこで読んだ話か忘れてしまったが、さりげなくこのような一言を発することができたこの女性の優しさに、私はいまでも大きな感銘を受けている。

誰もがマナーを守る社会の実現など不可能かもしれない。けれども、マナーを守ることと自体は、自己犠牲的な慈善行為でもなければ心身をすり減らす大仕事でもない。ちょっとした小手先のテクニックにすぎない。一歩距離を置いて自分自身を見つめ直す余裕をいつも身につけておきたい。

ところで、何事も一歩距離を置いて客観的に眺めてみるという姿勢は、笑いに通じるものがある。本人は悲劇の泥沼にはまっていると思っていても、他人の目には間抜けなドタバタにしか見えないかもしれない。本人がそれに気づき、自分自身を笑い飛ばすだけの余裕を取り戻せれば、悲劇は悲劇ではなくなる。そこから解決への道も開けるだろう。笑いは余裕の産物といえる。逆に、笑いは余裕をもたらしもする。笑うことによって心の緊張が解きほぐれ、気持ちに余裕が生まれるし、人生を能動的に楽しむ力が生まれる。笑いが心身の健康に良いことは多くの研究によって明らかにされている。余裕も、笑いも、人間の幸福のために必要なものである。そして、それはやがて人類全体の幸福につながるはずだ。

バナナの皮ギャグもそんな存在であってほしい。バナナの皮ですべった人を笑いのめすだけのものではなく、深刻な転倒事故につながるものでもなく、私たちの心の潤滑油となり、人の世にささやかな幸せを運ぶもの、そんな存在であってほしい。

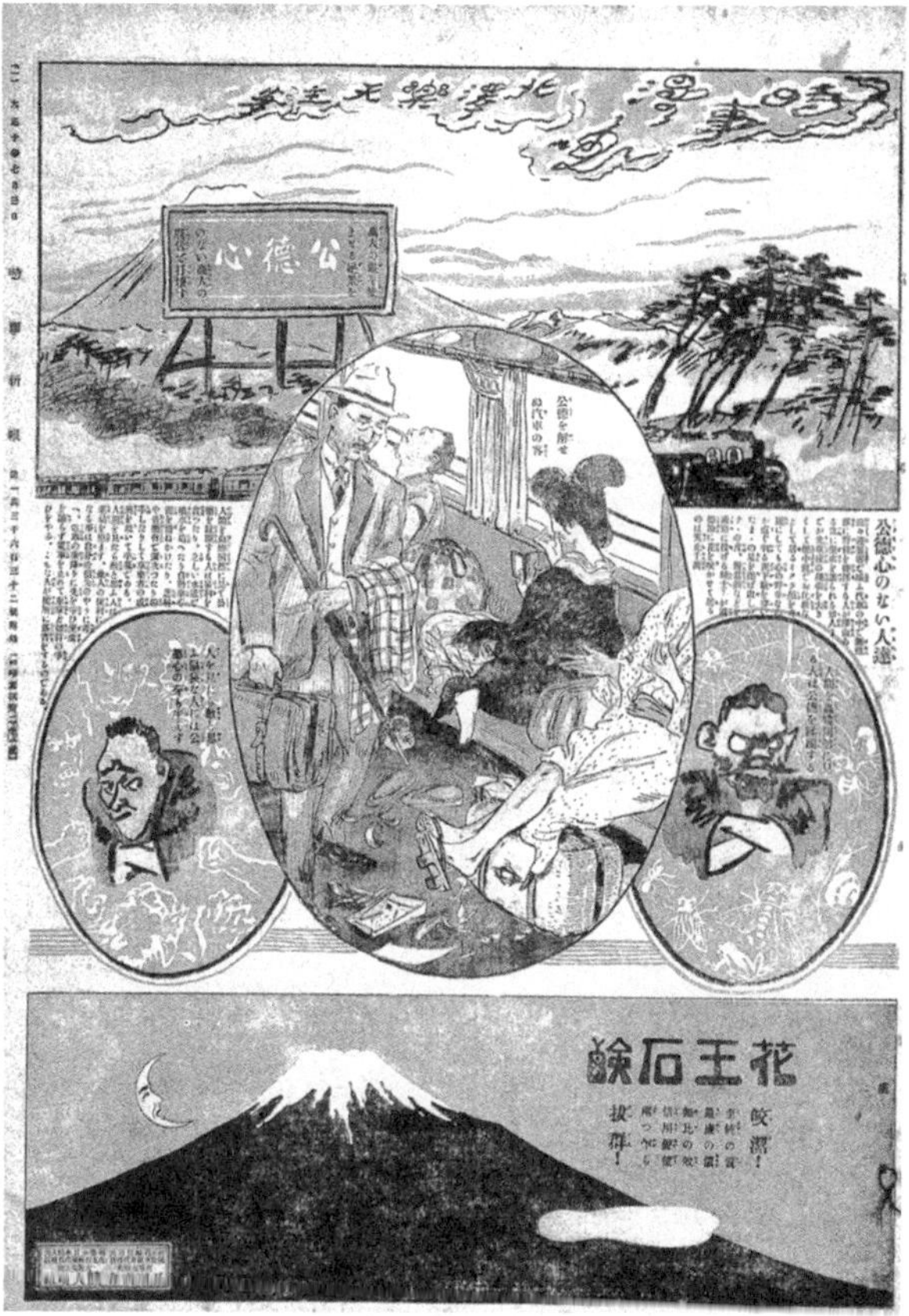

図45 『時事新報附録 時事漫画』1921年7月3日号，北沢楽天「公徳心のない人達」。中央に描かれている汽車の乗客たちの足元にバナナの皮が投げ捨てられている。

最後の一房——踏み出す一歩

二〇一四年九月、バナナの皮は一躍脚光を浴びた。

バナナの皮がすべりやすいことを実験によって証明した馬渕清資らにイグノーベル賞の物理賞が授与されたのである。

人工関節を専門とする馬渕は、一九八八年の共著の中で生体の関節の仕組みをバナナの皮のすべりやすさで説明したが、学術的にはまだ立証されていないことに後で気づき、ついに自ら実験を開始。誰も手をつけていないことに足を踏み出しねばり強くすべり続けた末に得られたものはとても大きかった。

現在、論文はネット上で公開されている。英文で、グラフや写真が複数使われており、極めて学術的なバナナの皮ギャグといえる。

バナナの皮ギャグの歴史は人類とともにこれからも続く。

——と、ここまで書いてきて、私は大変なことに気づいてしまった。

私はこれまでバナナの皮ギャグについて、本やネットでいろいろ調べてきた。そして生身の、あるいはフィクションの、おびただしい数の人たちがバナナの皮ですべってきた歴史を目の当たりにしておきながら、私自身はまだ一度もバナナの皮ですべったことがなかったのだ。これは大変恥ずべきことである。私はただちにバナナを買いに行った。

一本のバナナを食べ終えると、私はフローリングの床に皮を落とし、右足をそっと乗せてみた。ヘルメットを持っていなかったので、万一転んでも頭を強打しないように、本当にゆっくりとおそるおそる乗せたのである。そのとたん！　ヌル！　ズル！

こういうことだ。バナナの皮はぶ厚く丈夫なうえ、重なり合って立体的になっているから、私の体重が床まで十分伝わらないうちに皮の内側と内側どうしがヌル！　とこすれ合い、私の足をしっかりと受け止めたままほぼ水平にズル！　とスライドしたのである。なんとか転倒だけは避けられたものの、あのますぐに足を上げなければ危ないところだった。予想をはるかに上回るすべりやすさに、大いに肝を冷やす結果となった。こうして、最後の最後に私はやっと心の底から「バナナの皮は危険」と実感することができたのである。

世の中には実践精神に富んだ人たちが大勢いる。個人のホームページやブログを読むと、何人もの人が果敢にも、「バナナの皮は本当にすべるのか？」という疑問に自らの足で挑んでいる。実験の結果、「すべらなかった。この話は嘘だろう」と結論づけた人もいれば、私と同じように「予想以上のすべりっぷり！」と結論づけた人もいる。

本やネットであれこれ調べるのもいいが、体を張って確かめることも大切だ。そこで、本書の終わりにバナナの皮ギャグに体を張って挑んだ人たちを紹介し、もって敬意を表したい。

「科学的」に検証する

テレビのバラエティ番組『所さんの目がテン！』の放送内容をまとめた『所さんの目がテン！ 食べ物の不思議編』（日本テレビ放送網、一九九九年）。その一つ「バナナ」の回では、メインイベントとしてバナナの皮を使った二つの実験の模様が報告されている。

一つ目の実験は、まな板や重しを載せて総重量四キロにしたバナナ、ナシ、ブドウの皮を引っ張り、皮がすべり出したときに要した力の重さを量るというもの。なんと、すべて同じ一・五キロ。果物の皮の中で特にバナナの皮がすべりやすいわけではないらしい。そこで次にバナナの果肉を使ったところ、今度は二百グラムですべり出した。

実験が行なわれた理化学研究所の河野彰夫工学博士のコメント――「バナナでいちばん滑るのは中身の部分なんです。五分の一ぐらい食べ残して皮と一緒に捨てる、コレが人を転ばす捨て方だと思います」。たしかに、すべすべした外皮、ぬるぬるした内皮、半固形の軟らかい果肉が一体となった状態のバナナの皮はあまりにも危険だ。同書は、バナナの大きさが「人間の足サイズにピッタリ」であることも指摘している。

二つ目の実験は、自動車部品メーカーのテストコースに三千本分のバナナの皮を敷きつめ、車を時速五〇キロで走らせたあと急停止させて、車が停まるまでの距離を測るというもの。通常の濡れた路面での実験結果が九・九メートルだったのに対し、バナナの皮だらけの路面での実験結果は一九・九メートル。その差、十メートル！「バナナの皮はよく滑ることが証明されました」

また、同じくバラエティ番組だが、『FNS地球特捜隊ダイバスター』第二十六話（二〇〇六）でも、「バナナの皮が〔果物の皮の中で〕一番すべりやすいのは本当なのか問題」を調査している。実験では、「果実皮特殊滑降用スロープ」が用意され、「スロープの上部に果物の皮を敷きつめ重さ五十キログラムのウェイトを乗せすべらすのである」。重しがスロープを上から下まですべりきるタイムを測定した結果、バナナの皮は二秒七二、メロンの皮は三秒一五、ドリアンの皮は時間がかかりすぎて失格、そして桃の皮は二秒四二。バナナの皮より桃の皮の方がわずかながらすべりやすいことが判明した。「今後、桃には気をつけなきゃだめだな」（博士）。

これらは、バナナの皮ギャグをいわゆる「科学的に」検証した数少ない例である。

人々の反応を観察する

パソコンで検索すると、ほぼ毎日最低一回は「きょう、バナナの皮が落ちていた」という内容のブログが見つかる。多くの人にとって、バナナの皮が落ちていることはちょっとした事件なのだろう。それらのほとんどは、落ちていたバナナの皮を見かけたという単なる目撃談だが、その一方で、バナナの皮を自らの手で落とし、バナナの皮を目の前にした大勢の人々の反応を客観的に調査し、統計化した人もいる。

ミニコミ誌『人間観察』第七号所収「街で一〇〇人を観察しました」の連載第四回、「バナナの皮を仕掛けてみました！」は、計四回にわたり（うち二回は同じ場所で時間帯を変えて）バナナの皮をしかけ、通行人計三百九十二人の反応を観察したものだ。

通行人のうち、バナナの皮に気づいたと認められた人は全体の約四分の一。なんと、転んだ人とすべった人が一人ずつ いる。一人はわざと踏んだら転んでしまい、もう一人はバナナの皮の存在に気づく前にすべってしまったらしい。バナナの皮で、故意ではなく偶然にすべってしまう人が本当にいることは、この結果からも分かる。

この観察では、もう一つ興味深い事実がある。

しかし調査中一番驚いたことはどの地点でも複数で歩いている人の場合、バナナの皮が話のネタに上がっていることである。「あっバナナの皮だ」と、一人が声をあげ、その後その会話で盛り上がりながら消えていくパターンはなんと全箇所で聞けたのである。

（『人間観察』第七号、街楽人組合、二〇〇四年、一二頁）

バナナの皮が一つ落ちているだけで、私たちはまるで魔法にかかったように楽しくなる。バナナの皮には世紀を超えた笑いの歴史が凝縮しているからだ。私たちの顔には笑みが浮かび、会話ははずみ、その道のりは愉快なものになる。世知辛い世の中でちっぽけなバナナの皮が果たす役割は、決して小さくはないのである。

＊

以上、バナナの皮をめぐるあれこれについて述べてきたが、本書が読者のみなさんにささやかな笑いを提供できたなら本望である。それなら、私のしたこともバナナの皮ほどの価値はあった、ということになる。そして、みなさんが新しい物事に親しむきっかけになるのならもっとうれしい。バナナ産業の問題について理解を深めるのもいい。チャップリンやキートンの傑作を鑑賞してみるのもいい。戦前日本の文学作品に親しんでみるのもいい。バナナを詠み込んだ俳句にチャレンジするのもいい。情報と呼ばれるものはこの世に無限大にあふれているが、そこから何を選びどのように生かすのかはみなさん次第である。私がしたこともまたその一例にすぎない。

註

一房め

（1）北野武監督・主演『菊次郎の夏』（一九九九）のインタビュー記事。二〇一七年十一月現在、閲覧にはメールマガジン登録が必要。

（2）クライルの没年は一九四三年。現在では著作権が消滅しており、その著作物は複数のサイトで無料で公開されている。以下、引用元を明記しない英文の多くはこれらのウェブサイトから引用。

二房め

（1）たとえば、ゆでたまごの漫画『キン肉マン』第七巻（集英社、一九八一年）に登場する「百万年にひとりの大器」ウルフマンは、新幹線を手押しして滑走させた距離を競う予選競技において、キン肉マンが投げたバナナの皮で足をすべらせたために本来の実力を発揮できず、予選落ちの危機に見舞われる。また、アニメ『ルパン三世』シリーズの劇場版『ルパン三世　バビロンの黄金伝説』（一九八五）では、いなずまを斬るという神技を披露した石川五ェ門が、ルパン三世の投げたバナナの皮の上に着地してずっこける。
（2）永山敏廣ほか「バナナ中ビテルタノールの残留及び熟成中の変化」（『食品衛生学雑誌』第三十六巻三号、日本食品衛生学会、一九九五年）。
（3）牧野富太郎はこのほかにもバナナの皮に関する文章を複数書いている。その一つ「バナナは皮を食う」は、檀ふみ選・暮しの手帖書籍編集部編『バナナは皮を食う』（暮しの手帖社、二〇〇八年）に表題作として収録（初出＝一九四九）。

三房め

（1）二〇〇二年三月三十一日付『日刊スポーツ』六面「ゴリラにバナナを与えないで下さい／ブンデスリーガで〝カーンまも令《れい》〟」ほか。
（2）たとえば、矢崎源九郎編『子どもに聞かせる世界の民話』（実業之日本社、一九六四年）収録の一話「バナナの皮」はハワイに伝わる民話で、食べても食べても中身が減らない不思議なバナナをもらって旅に出た若者クカリの物語。
（3）S・ジョージ『WTO徹底批判！』（杉村昌昭訳、作品社、二〇〇二年）第十四章「バナナの皮（卑怯な策略）」を参照。
（4）森島紘史『バナナ・ペーパー』（鹿島出版会、二〇〇五年）を参照。同書はバナナの香りを封入したバナナペーパーつき。また、G・キャストラほか『ミラクルバナナ』（学習研究社、二〇〇一年）は全編バナナペーパーで作られた絵本。さらに二〇〇五年、同書をもとにした映画『ミラクルバナナ』が製作された。

（5）くわしくは中村洋子『フィリピンバナナのその後』改訂版（七つ森書館、二〇〇六年）を参照。

四房め

（1）逆に、アニメ『ケロロ軍曹』第百五十四話（二〇〇七）では、一つの宇宙バナナの皮のおかげで地球が救われる。

（2）NGO法人・日本ネグロス・キャンペーン委員会（JCNC）HPにも掲載された。『手わたしバナナくらぶニュース』はフェアトレードによるフィリピンの無農薬バナナの会員制宅配システム「手わたしバナナくらぶ」の会員に送られていたニュースレター。なお、JCNCは二〇〇八年に解散、現在はNPO法人・APLAとして活動。

（3）以下、辞書からの引用部分の記号の表記は原文と一部異なる場合がある。

五房め

（1）上野玲『全部解決!!　2時間サスペンス』（メディアファクトリー、二〇〇〇年）によると、この「お約束」の元祖は松本清張らしい。

（2）テレビ番組『関口宏の東京フレンドパークⅡ』のアトラクション「デリソバゴールド」は、オートバイに乗って蕎麦を目的地まで出前（デリバリー）するゲーム。障害物の一つに、バナナの皮を投げて妨害してくるゴリラがいた。

（3）たとえば、鎌倉時代成立の歴史物語『五代帝王物語』（作者不詳）によると、四条天皇

（十二歳）は廊下に滑石の粉をぬって人をすべらせようとしたところ誤って自分が転倒し、数日後死去したらしい。

（4）たとえば、東野圭吾『名探偵の掟』（講談社文庫、一九九九年）解説に「本格推理小説の世界では、数々の約束事が作者と読者との間に存在する。〔……〕本書はそれをふまえ、そうした本格推理小説の約束事を逆手にとり、鮮やかに『笑って』みせた作品である」（三三一頁、執筆は村上貴史）とある。また、新木伸『あるある！ 夢境学園1 さすらいの転校生』（ファミ通文庫、二〇〇二年）あとがきに「いわゆる世の中には、『ありがち』なモノというのがあるわけでして……。〔……〕ですが仮にそういうものばかりを集めて、ひとつの話の中に放りこんでしまったら、これはおもしろいことになるのではないか？ ――というのが、あるとき閃《ひらめ》いたこの作品のコンセプトだったわけです」（三一三頁）とある。

六房め

（1）映画『バナナの皮』は二〇〇五年の映画祭で一度上映されたきりで、これまでテレビ放映やソフト化は行なわれていない。挿入曲「バナナの皮」のみ、CD『BLACK』（二〇〇六）に収録。なお、バンド「ピチカート・ファイヴ」および「Syrup16g」にも同名の楽曲があり、それぞれCD『女王陛下のピチカート・ファイヴ』（一九八九）および『Syrup16g』（二〇〇八）に収録。

（2）たとえば、戦前の人気漫画『のらくろ』シリーズの主人公のらくろは、『少年倶楽部』一九三三年二月号付録「のらくろ突進隊」において、「少年倶楽部の付録の高射砲」で敵機を撃とうとしたことがある（田河水泡『のらくろ漫画全集』講談社、一九六七年、七頁）。また、謝花凡太郎『まんが弥次喜多』（一九三六）では、弥次さんが「何しろ漫画の旅は早いものだ」と語る（『別冊太陽　名作コミック集』平凡社、一九八九年、九四頁）。

七房め

（1）バナナの味について、遣米使節団の森田清行が『亜行日記』で「味甜美ナリ」と書いている（『万延元年遣米使節史料集成』第一巻、風間書房、一九六〇年）。玉蟲左太夫は、『航米日録』で「味甘クシテ尤美ナリ」と書く（『日本思想大系』第六十六巻、岩波書店、一九七四年ほかに所収）。また、遣仏使節団の青木梅蔵は『青木梅蔵日記』（現存せず）で「パナニの味西瓜と梨子とを一つになしたる如くなり風味至つてよろし」と書いている。これは牟田口義郎『地中海世界を見た日本人』（白水社、二〇〇二年）などに引用されている。

（2）なお、下関市市史編修委員会編『下関市史　市政施行－終戦』（下関市役所、一九八三年）によると、「〔バナナは〕下関には明治三十五年（一九〇二）六月に初めて陸揚げされたが、商品化されるまでには数年を要した」（二四〇頁）とある。

（3）長谷川櫂編『子規選集』第三巻、増進会出版社、二〇〇一年、二三四頁。

（4）初出誌『渋柿』一九二〇年七月号での表記による。なお、宮田戊子『昭和新修大成歳時記』（星文閣、一九二七年）での表記は「俳諧にはや詠み馴れしバナナ、かな」。

（5）初出誌『アララギ』一九一五年二月号では、「バナナの皮剝《む》きては投げぬ――」となっている。初収は同年刊の歌集『切火』。なお、赤彦は詩「八丈島」でも同じような情景を描いている。初出は『アララギ』一九一六年十二月号。『赤彦全集』第二巻（岩波書店、一九六九年）ほかに収録。

（6）初出誌『文章世界』一九一六年九月号での表記による。なお、初収の『仰望』（水甕社、一九二五年）および『岩谷莫哀短歌全集』（水甕社、一九三〇年）での表記は、「——バナナの皮をむき棄てにけり」。詞書はともに「門司にて」と改められている。

（7）永井荷風『新版 断腸亭日乗』第四巻、岩波書店、二〇〇一年、七五頁。

（8）「森の中」は平林たい子『耕地』（改造社、一九三〇年。復刻＝ゆまに書房、一九九八年）から、「ひかげの花」は宮本輝編『魂がふるえるとき』（文春文庫、二〇〇四年）から引用。なお、「森の中」の引用部分は収録本によって「剝〔は〕がれた」、「剝〔む〕かれた」の異同がみられる。初出誌『新潮』一九二九年七月号では「剝〔は〕がれた」、単行本初収の『殴る』（改造社、一九二九年）では「剝〔む〕かれた」。

（9）小説『バナナ』にはバナナの皮ギャグは登場しないが、同作を原作とした映画『バナナ』（一九六〇）の主題歌「バナナの唄」には、「バナナの皮にすべって／総理大臣がすってんころりん」という一節がある。作詞は谷川俊太郎、作曲は黛敏郎。CD『あっ！　あの人がこんな歌を……。』（一九九二）ほかに収録。

（10）なお、「城攻めに対抗するため城の周りに竹の皮を敷きつめ、敵をすべらせて寄せつけない作戦に出たものの、竹の皮に火をつけられて落城」という話が、浜松市（水巻城）をはじめ複数の土地に伝わっている。幕末の一八六三年（文久三）に奈良で起こった「天誅組の変」においても、城攻めに備えて高取城へ通じる坂道に竹の皮が敷きつめられたらしい。司馬遼太郎が短篇小説「庄兵衛稲荷」でこのエピソードを使っている。また、一八一四年（文化十一）成立の根岸鎮衛『耳袋』によると、剣豪・小野忠明は流罪になった先の島で、瓜盗人のしかけた瓜の皮ですべって転んだものの捕らえるのに成功、この功績によって許されて帰還したのち、徳川家光を転倒させたらしい。ただし、史実ではないようだ。

(11)　ケラにはアメリカ無声喜劇映画への愛情から生まれた『SLAPSTICKS』という作品がある。これはロスコー・アーバックルの事件を扱ったもの。初演は一九九三年。二〇〇三年にオダギリジョー主演で再演。

(12)　漫画『キン肉マンⅡ世』第十四巻（集英社、二〇〇一年）にも同名の「バナナマン」が登場する。こちらのバナナマンは台湾代表の超人で、コスチュームの一部をむいて投げつけるだけの技「バナナ・ピール」で対戦相手をすべらせる。後から来たキン肉マンⅡ世も同じ皮を踏んですべり「でっかいバナナの皮〜〜っ」と驚くが、おかげでⅡ世はゴール地点まですっ飛び、勝利を手にする。

(13)　目次では「われ等の浅草」。また、初出誌『ホトトギス』一九三四年十一月号での目次および表題も「われ等の浅草」。

(14)　現在は、過去ログ（http://sweetswan.com/kinenbi-senku/senku-2.cgi）で閲覧可。

八房め

(1)　朝日新聞に連載された横山隆一の漫画『フクチヤン』シリーズの一つに、「ジャバのフクチヤン」という一九四二年の作品がある。六月二十三日付から七月二十二日付までは作家の武田麟太郎の文に絵を添えたもので、八月一日付から二十三日付までは横山の三コマ漫画。横山と武田はこの年、インドネシアのジャワ島に従軍、陸軍宣伝班発行の新聞『うなばら』に連載した「旅だより」を転載したものが「ジャバのフクチヤン」の前半部分である。「ジャバのフクチヤン」には八月六日掲載分に「フカシバナナ」が登場するものの、バナナの皮ギャグは登場しない。

なお、『朝日新聞』に転載されなかった「旅だより」の一つに、割礼の儀式が行なわれる式場にバナナや菓子が多数つるされ、少年たちにふるまわれるといった内容のものがある。横山の絵は、「イヤーン」と言って式場から逃げ出すフクちゃんで、文化奉公会編『大東亜戦争陸軍報道班員手記 ジャワ撃滅戦』（大日本雄弁会講談社、一九四二年）に掲載（図46）。

図46　横山隆一「旅だより」より

（2）　斎藤博明は「資格の学校TAC」社長。同文はTACのHPにも掲載。http://www.tac-school.co.jp/netnews/genten/genten_027.html

（3）　長谷川海太郎は、林不忘、牧逸馬、谷譲次の三つのペンネームを使い分けた昭和初期の作家。林不忘名義では『丹下左膳』シリーズを、牧逸馬名義では怪奇実話ものなどを、谷譲次名義では八年間の在米経験を生かした『めりけんじゃっぷ』ものを発表。なお、谷譲次名義の作品「MEN・ONLY」（初出＝一九二七）に、バナナの皮ですべって気絶するアメリカの踊り子が登場する。『テキサス無宿』（社会思想社、一九七五年）ほかに収録。

九房め

（1）引用文中のウディ・アレン監督・主演『スリーパー』（一九七三）には、巨大なバナナの皮ですべる場面があるほか、顔面パイを思わせる場面もある。全体としてスラップスティック色の強い作品。

（2）バナナの皮は、あまり深刻でない復讐や嫌がらせのためにしばしば使われる。たとえば、諸星大二郎の漫画「復讐クラブ」（初出＝一九七九）では、主人公の上司への復讐がバナナの皮によって行なわれる。主人公は「復讐クラブ」の会員で、憎い相手への復讐を他の会員に代行してもらうかわりに、他の会員の復讐を代行する。『汝、神になれ鬼になれ』（諸星大二郎自選短編集、集英社文庫、二〇〇四年）ほかに収録。なお、テレビドラマ版（一九九一）では、「復讐報告書」の「バナナの皮を ふんで ころぶ」の部分がなぜか「在庫不足で部長に怒られる」に改変された。また、二ノ宮和子の漫画『のだめカンタービレ』第二巻（講談社、二〇〇二年）では、主人公に横恋慕した男がバナナの皮などを使った古典的な嫌がらせを行なう。バナナの皮ギャグはテレビドラマ版（二〇〇六）やアニメ版（二〇〇七）でも再現された。

（3）たとえば、一九〇七年のフランス映画『ザ・ポリスメンズ・リトル・ラン』（英語タイトル）では、肉を盗んだ一匹の犬を大勢の警官が追いかける。現在、You Tube で見られる。

（4）目次では、寺内純一「トーキー漫画の作成法」。
（5）ＩＭＤｂのアドレスは、http://www.imdb.com/
（6）「サイレント・エラ」のアドレスは、http://www.silentera.com/
（7）ジョニー・デップの製作会社は二〇〇四年、アーバックルの自伝のスタイルで書かれたＪ・スタールの小説『アイ、ファッティ』（二〇〇四年、未邦訳）の映画化権を取得した。

十房め
（1）前章でふれた未邦訳のＶ・ジェンキンス『バナナス』より。同書第八章は、アメリカにおけるバナナの皮ギャグの成立や展開についてふれている。バナナの皮ギャグの歴史に興味を持たれた方はぜひ読まれたい。
（2）各記事の原文を閲覧するには、以下のアドレスを参照されたい。
『ブルックリン・スタンダード・ユニオン』紙
→http://bklyn-genealogy-info.stevemorse.org/Newspaper/BSU/1906.May.News.html
『シャーロット・オブザーバー』紙
→http://cmstory.org/content/local-news-july-1899
『カークウッド・タブレット』紙
→http://www.kirkwoodmo.org/pworks/PWhistory.htm（現在、リンク切れ）
『ハーパーズ・ニュー・マンスリー・マガジン』誌
→https://archive.org/stream/harpersnew066various#page/160/mode/2up

『サフォーク・アンド・エセックス・フリー・プレス』紙
→http://www.foxearth.org.uk/1905SuffolkFreePress.html

十一房め

（1） 各条文の原文を閲覧するには、以下のアドレスを参照されたい。
アイオワ州スー市
→http://www.online.encodeplus.com/regs/siouxcity-ia/doc-viewer.aspx#secid-2346
イリノイ州ハイランドパーク市
→https://library.municode.com/il/highland_park/codes/code_of_ordinances?nodeId=CD_ORD_TITXIIIMI_CH130OFAGPE_S130.060THBAFRPESI
ウィスコンシン州ライツタウン村
→https://www.ecode360.com/9845742#9845759
カリフォルニア州ナパ市
→http://qcode.us/codes/napa/view.php?topic=city_of_napa_municipal_code-9-9_12-9_12_030
ノースカロライナ州ブロードウェイ町
→http://www.broadwaync.com/ordinances/6-BROADWAY.9.pdf
マサチューセッツ州ケンブリッジ市
→https://library.municode.com/ma/cambridge/codes/code_of_ordinances?nodeId=

TIT12STSIPUPL_CH12.16STSIUSRE_12.16.100SIBSRUPE

(2)『ケンブリッジ・ヴィック・ジャーナル』のアドレスは、http://rwinters.com/journal/ccj11a.htm

十二房め

(1) なお、松浦嘉一『英国を視る』(講談社学術文庫、一九八四年)には、イギリスの巡査が「時々舞台やエピソードの中で笑いの槍玉にあげられる」一例として、「あるとき若い巡査が巡回していると、眼の前で街頭の果物売りが、自分の店で売ったバナナの皮で足を滑らしてころんだ。そして、そのはずみに手押しの屋台車が引っくり返り、りんご、オレンジ、梅、梨、桃などが灰色の舗道に宝石をばらまいたかのように散らかった。この警官は思わず腹を抱えて笑ったが、はっと気がついて、崩した威厳を取り戻そうと顔を紫に染め、無理にも笑いを止めようとしたあげく、脳出血をおこして一時間後には絶命した」という話が紹介されている(二〇―二一頁、引用部分が雑誌に掲載されたのは一九三八年)。また、矢野暢『衆愚の時代』(新潮社、一九八九年)に、「一九五七年にサリットがクーデタを挙行し、それ以来、奇しくも一九七三年までサリット・タノーム閥による軍部独裁が続いている。その間、タイは、江戸時代のお触れをしのばせる『革命団布告』による統治という、世にも稀な前近代的統治様式を定着させてしまった。道路の上にバナナの皮を棄てただけで死刑に処されたタイ人もいたという」(二三三頁)の一文がある。

(2)"banana peelers"の詳細は、K・ドーンスタイン『アクシデンタリー、オン・パーパス』(一九九六、未邦訳)を参照。

あとがき

本書は、「バナナの皮」をキーワードに本の森をさまよい、ネットの海を漂った軌跡をつづったものである。

今思えば、バナナの皮ギャグについて調べようと決心したときの私は、何とも無謀な一歩を踏み出していたのだと思う。もともと映画も漫画もそれほど見ないものだから、スタートラインでの知識はないに等しく、しかも田舎住まいなものだから資料が手に入りにくい。しかし、ある疑問が解決した瞬間に新たな疑問が発生してまた調べ直し、を繰り返しているうちにだんだん深みにはまっていき、気づいたときにはもうスタートラインに戻れなくなっていた。トラブルもいくつかあった。ネットオークションで本を落札した後、相手との連絡が取れなくなったり、近所の図書館で相互貸借依頼をして待っていたら、台風で図書館が壊滅したり。そんな苦労の連続だったが、小さな疑問の数々が一つずつ氷解していく喜びには代えがたかった。

また、一生知らないままだったはずの人物や作品、歴史的事実をたくさん知ることができたという喜びも大きい。これまで全人類的になされてきた研究や創作が半永久的に保存され、未来のすべての人々のために用意されている図書館というシステムは本当に素晴らしいと思う。また、名前も知らない大勢の人たちがネット上に提供してくれた無尽蔵の情報のおかげで、重要な手がかりをたくさん得ることができた。国内外の著作権切れの文章をパソコンで読めたこともありがたかった。

　これまでで最も印象深い出来事といえば、やはり一連の作業の原点となったあの光景だろう。暗く寒い夜の終わりに落ちていた、光に包まれたバナナの皮。あのときの私にとって、それは単なる光景以上の、笑いの神からの啓示とさえ思えたのだった。人生には、ときには暗く寒い夜の底を歩き続けなければならないこともある。しかし、暗ければ暗いほど、寒ければ寒いほど、その足元にバナナの皮が落ちていたときの喜劇的効果は大きい。あるいはこうもいえる。どんなに暗く寒い夜にも、バナナの皮が闖入《ちんにゅう》する余地はある。黒一色で塗りつぶせる夜などない。私たち一人ひとりの心の中には、そして人の世には、バナナの皮のようなたわいもないものを楽しむことのできるゆとりが常にどこかにある。あるいは、そんなゆとりを常に求めている。そしてありがたいことに、笑い作りを職業とする人々はいつの世にもいるのである。彼ら笑いの職人たちには、どうかこれからもがんばってほしい。そして私自身も、笑いの精神を忘れずに生きていきたい。

バナナ・ボートに揺られつつ、私はいまだにすべりっぱなしである。本書で語り尽くせなかったエピソード、珍談綺譚の類いは無数にあるはずだ。ぜひ大方のご示教を乞う次第である。また、本書には私が多大な影響を受けたさまざまな作品の一部を引用させていただいた。篤く御礼を申し上げるとともに、どうかバナナの皮に免じて、私のツラの皮の厚さをおゆるしを願いたい。

*

最後になったが、本書は、水声社の下平尾直氏の尽力がなければ世に出ることはなかった。夢のような機会を与えて下さった氏に心より感謝申し上げる。

二〇一〇年三月

黒木夏美

文庫版あとがき

　中学生のころ、図書室は身の置き場だった。高校生になって初めて趣味が見つかって、図書館に通っては関連書を読んでいた。大人になってからは長い間低空飛行をしていたはずが、気がつけばバナナの皮を追いかけていて、そのまま二十代が終わってしまった。でも、その経験のおかげで、今では図書館員の端くれとして、仕事として調べものをしたりしている。もう素人とはいえなくなった。まだまだプロとは名ばかりの未熟者だし、自分の無知を思い知らされるばかりの日々だけど、楽しくてならない。知らないこと、知りたいことを知ろうとすればするほど、分からなかったことが分かるようになるたびに、世界は広がり、同時に近しい存在になって、私はもっと生きていたくなる。

　本書の初刊は二〇一〇年。そのわずか二年後の二〇一二年には『バナナの世界史』（太田出版）が、二〇一六年には『バナナの歴史』（原書房）が刊行された。二冊ともプロの書き手による本で、バナナの皮ギャグもしっかり登場する。また、技術の発達にともない、バナナの皮ギャグに関する情報はネット上からの入手がさらに容易になった。私がバナナの皮と出会うのがあと何年か遅かったなら、本書は存在しない。そんなわけで、本書の後にはこの二冊を併せて読み、さらにネットの海に繰り出して、バナナへの愛、そしてバナナの皮ギャグへの愛をいっそう高めていただきたい。

我が子をこの世に送り出してほどなくして筆を折らなければならなくなった私に、七年後、我が子との再会の機会を下さった編集者の伊藤大五郎氏に、心からの感謝を捧げたい。

最後に、全ての人へ。いつも心に、バナナの皮を。

解説　盛り上がれ！　文化史

パオロ・マッツァリーノ

この文庫本を手に取ったあなたはラッキーです。いえ、朝のテレビニュースのエンディングでやってる今日のラッキーアイテムみたいな話ではありません。

二〇一〇年に発売された本書の単行本は、どういうわけかA5判でした。日本ではこの手のソフトカバーの本ならば、普通は四六判というサイズにします。四六判は手に持ったときの馴染みもいいし、慣れれば電車のなかで立ったまま片手で開いて読めたりもしますから、完成度の高い規格といえましょう。

A5サイズの単行本は、四六判より縦横二センチくらいずつ大きいのです。ひとまわりの差なのですが、これが重量バランスにかなり影響をおよぼして、両手でも持てあます。片手だとなお持ちにくい。しかも本棚に並べるとこれだけとび出して美しくない。

それがようやく七年越しで、片手で持てる文庫本で読めるようになりました。単行本は本屋さんの店頭では入手しづらくなってるようですし、この再登場はすべての読書好きにとって朗報です。やっぱりこれは今日のラッキーアイテムなのかもしれません。なんかいいことありそうな気がしてきました。さあ、迷わず本書を購入し、読んでみてください。

*

読みましたか？　どうです、おもしろかったでしょう。名著か奇書か、はたまた怪著か、評価はそれぞれでも、文化史のおもしろさを伝えてくれるという点では、異論はないはずです。

そう、文化史って、めちゃくちゃおもしろいんですよ。身近なテーマに沿って歴史を切り取る、あるいは串刺しにすることで、歴史は大勢の無名の人間によって作られてきたものだと再認識できるんです。普通の人間である自分も歴史の一部だと思えるようになるのです。

学校で習う歴史は、どこかよそよそしい。出てくるのがエラい人物と大事件ばかりだからです。戦国武将のだれそれがどこで戦をやりました、とかいわれても、自分から遠すぎます。どうでもいい。他人事にすぎません。

むかしから数学の授業中に生徒が先生に聞く定番の質問がありますね。「数学の方程式だの関数だの、学校卒業したら全然使わないことをなんで勉強しなきゃいけないんですか」。それにも一理あるんだけど、数学だけを責めるのは不公平です。だって、何年にどこで合戦があった、なんて歴史の知識だって社会に出たら一切役に立ちませんから。学校の歴史の授業で信長の生きざまを学んだところで、社会人になってから坊さんを焼き討ちする機会には恵まれません。

ところが文化史は違います。文化史が扱うテーマには、現代に生きるわれわれにも関係の深いことがたくさんあるんです。

たとえば、いまだに二宮金次郎の銅像は各地の学校などに残ってます。ところが近年、歩きスマホみたいで教育に悪いから座って本を読んでる像に取り替えました、なんてところが出てきまして、賛否の議論が起こってます。

その不毛な議論、文化史を使えば、即、終了です。

金次郎の銅像についての文化史研究はいくつかあって、本にもまとめられてます。それらの研究によると、そもそも金次郎が歩きながら本を読んでたという逸話は、二宮尊徳の弟子による創作の可能性が極めて高いのです。師匠の神童ぶりを語りたいがために話を盛っちゃったかもしれないなあ、みたいなことをこの弟子は遠回しに認めてるんです。

よくよく考えてみれば、江戸時代だって歩きながら本を読むのは不作法とされてたんですよ。みなさんその事実をお忘れになってます。厳格な家庭なら、本は正座して読めとこどもに教えてました。金次郎も仕事の合間などに座って本を読んでたと考えるほうが自然です。

というわけで、文化史が暮らしのトラブルをまーるく解決してくれました。金次郎が座って読書する銅像のほうが、歴史的にもマナー的にも正しいのです。二宮尊徳も草葉の陰で喜んでいることでしょう。

じゃあ『バナナの皮はなぜすべるのか？』は、なんの役に立つのか。さんざん前置きをしといてなんですが、この本は有益性より知的好奇心を満たしてくれる要素のほうが大きいです。

もちろん役に立たないわけではありません。バナナの皮が原因の転倒事故は虚構のギャグでなく実際に起きていることを事例で証明してくれます。道にゴミをポイ捨てするのはマナー違反というこころの問題のみでなく、他人に危険をおよぼす悪質な行為なのだとわかるだけでも有益です。

個人的に重要だと思うのは、ゴミをポイ捨てするマナー違反は戦前のほうがずっとひどかったという歴史的事実を短いながらもきちんと示してくれてるところです。戦前の日本人は清く正しく美しかったとする捏造史観にはもううんざりです。戦前の新聞雑誌を読んでごらんなさい。日本人の公衆道徳は世界最低レベルで恥ずかしい、欧米を見倣え、という意見ばかりが目につきます。その逆はほとんどありません。本書で紹介されてる『時事新報』の記事は決して例外ではないのです。

それにしても、です。いつものグチになりますが、文化史ってホントに人気ないんですよ。おもしろがってもらえないんです。たぶん本書をはじめてお読みになったかたも、おもしろいかどうかより、「よく、ここまでしつこく調べたなー！」という感心のほうが先に立ったのではないですか？

私も先日、ためしに過去の新聞雑誌記事や書籍をざっと検索してみましたが、バナナの皮についての記事は、ほとんどひっかかりませんでした。

一番大きなニュースは本書刊行後の二〇一四年、日本の科学者がバナナの皮がなぜすべるのかを科学的に研究し、それがイグ・ノーベル賞を受賞したこと。各メディアが珍しがって取りあげたのもつかのま、さほど盛り上がることもなく、すぐに人々の記憶から消えました。それ以外の記事といえば、バナナの皮で顔をこする美容法だとか、黒焼きにしたバナナの酢漬けでＥＤが治っただとか、あやしげな健康情報ばかり。

バナナの皮に関する情報は、表面上は非常に少ない。私だったらこの時点で、なんだつまんないな、と探求を棚上げにしたことでしょう。ところが黒木さんはそこであきらめず、さらに深くまで潜り、沈んでいる情報を拾い上げる作業を何年も続けたのです。ベテランの海女さんかってくらい。

努力に対する対価がなかなか得られないのが、文化史研究の泣きどころです。努力は絶対報われるなんてのがウソであることは、文化史をやれば身にしみて実感できます。こんなにおもしろいのに、割にあわないんですよねえ……

それもこれも、文化史の人気がないことが原因なのですが、今回再読して、この本にはドキュメンタリーとしての要素もあることに気づきました。そこで、人気のない文化史に興味を持ってもらうために、本書をドラマ化する企画を提案します。

冬の早朝に黒木さんが犬の散歩をしていると道にバナナの皮が落ちているのを発見するシーンからはじまり、取り憑かれたようにバナナの皮についての研究をはじめる。その一喜一憂するさまを、研究成果の紹介を織り交ぜながらつづっていけば、フィクションと文化史が融合した、独特な味わいの作品になるのではないでしょうか。

私は黒木さんがどんなかたなのか、まったく存じ上げませんが、そこは問題ありません。ドラマのキャラクターや家族友人関係は、実際とは異なっていてもいいんです。さっそく私はアタマのなかでキャスティングをはじめてます。主演は市川実日子さんあたりかなあ、なんてね。どうですかテレビ局のみなさん。文化史ドラマの企画、ひとつご検討を願います。

人名索引

・架空のキャラクター名であっても、ベティ・ブープのように作品名に名前が冠されていない登場人物についてはここに掲出し、＊を付した。『トムとジェリー』のように作品名と登場人物が一体となっているものについては、作品名索引を参照されたい。

【か行】

【さ行】

【た行】

【な行】

【は行】

【ま行】

【や行】

【ら行】

【わ行】

作品名索引

・別の作者による同じタイトルの作品が重複している場合は、作品名の後に作者名を付記した。また、同じタイトルでも小説や映画など、媒体が異なる場合もその旨を付記した。

【あ行】

【か行】

【さ行】

【た行】

【な行】

【は行】

【ま行】

本書は二〇一〇年四月、水声社より刊行された。

超芸術トマソン　赤瀬川原平

都市にトマソンという幽霊が！　街歩きに新しい楽しみを、表現世界に新しい衝撃を与えた超芸術トマソンの全貌。新発見珍物件増補。（藤森照信）

路上観察学入門　赤瀬川原平／藤森照信／南伸坊編

マンホール、煙突、看板、貼り紙……路上から観察できる森羅万象を対象に、街の隠された表情を読みとる方法を伝授する。（とり・みき）

「月給100円サラリーマン」の時代　岩瀬彰

物価・学歴・女性の立場――。豊富な資料と具体的なイメージを通して戦前日本の「普通の人」の生活感覚を明らかにする。（パオロ・マッツァリーノ）

混浴と日本史　下川耿史

古くは常陸風土記にも記された混浴の様子。宗教や売春とのかかわりは？　太古から今につづく史上初の混浴文化史。図版多数。（ヤマザキマリ）

裸はいつから恥ずかしくなったか　中野明

幕末、訪日した外国人は混浴の公衆浴場に驚いた。日本人が裸に対して羞恥心や性的関心を持ったのはいつなのか。「裸体」で読み解く日本近代史。

食品サンプルの誕生　野瀬泰申

世界に類を見ない日本独自の文化・食品サンプルはいつどのようにして生まれなぜここまで広がったのか。その歴史をひもとく唯一の研究を増補し文庫化。

バカ田大学なのだ!?　赤塚不二夫

マンガ史上最高のキャラクター、バカボンのパパを主人公にした一冊！　なぜママと結婚できたのかなどの謎が明かされる。（椹木野衣）

おそ松くんベスト・セレクション　赤塚不二夫

みんなのお馴染み、松野家の六つ子兄弟が大活躍！　日本を代表するギャグ漫画の傑作集。イヤミ、チビ太、デカパン、ハタ坊も大活躍。（赤塚りえ子）

ぼくは散歩と雑学がすき　植草甚一

1970年、遠かったアメリカ。その風俗、映画、本、音楽から政治までをフレッシュな感性と膨大な知識、貪欲な好奇心で描き出す代表エッセイ集。

しどろもどろ　岡本喜八

「面白い映画は雑談から生まれる」と断言する岡本喜八。映画への思い、戦争体験……、シリアスなことでもユーモアを誘う絶妙な語り口が魅了する。

ちくま文庫

バナナの皮《かわ》はなぜすべるのか?

二〇一八年一月十日　第一刷発行

著　者　黒木夏美（くろき・なつみ）
発行者　山野浩一
発行所　株式会社　筑摩書房
東京都台東区蔵前二—五—三　〒一一一—八七五五
振替〇〇一六〇—八—四一二三
装幀者　安野光雅
印刷所　株式会社精興社
製本所　株式会社積信堂

乱丁・落丁本の場合は、左記宛にご送付下さい。
送料小社負担でお取り替えいたします。
ご注文・お問い合わせも左記へお願いします。
筑摩書房サービスセンター
埼玉県さいたま市北区櫛引町二—六〇四　〒三三一—八五〇七
電話番号　〇四八—六五一—〇〇五三

ISBN978-4-480-43487-6 C0100